DESIGN E SUSTENTABILIDADE

✶ Os livros dedicados à área de DESIGN têm projetos que reproduzem o visual de movimentos históricos. Neste módulo, as aberturas de partes e capítulos geométricas e os títulos em linhas redondas e diagonais fazem referência aos pôsteres da Bauhaus, a icônica escola alemã de design, arquitetura e artes plásticas.

DESIGN E SUSTENTABILIDADE

Dayanna dos Santos Costa Maciel

Rua Clara Vendramin, 58 . Mossunguê . CEP 81200-170 . Curitiba . PR . Brasil
Fone: (41) 2106-4170 . www.intersaberes.com . editora@intersaberes.com

Conselho editorial
Dr. Ivo José Both (presidente)
Dr. Alexandre Coutinho Pagliarini
Dra. Elena Godoy
Dr. Neri dos Santos
Dr. Ulf Gregor Baranow

Editora-chefe
Lindsay Azambuja

Supervisora editorial
Ariadne Nunes Wenger

Assistente editorial
Daniela Viroli Pereira Pinto

Edição de texto
Monique Francis Fagundes Gonçalves
Mille Foglie Soluções Editoriais
Larissa Carolina de Andrade

Capa
Débora Gipiela (design)
evenfh/Shutterstock (imagem)

Projeto gráfico
Bruno Palma e Silva

Diagramação
Débora Gipiela

Responsável pelo design
Débora Gipiela

Iconografia
Maria Elisa Sonda
Regina Claudia Cruz Prestes

Dados Internacionais de Catalogação na Publicação (CIP)
(Câmara Brasileira do Livro, SP, Brasil)

Maciel, Dayanna dos Santos Costa
    Design e sustentabilidade/Dayanna dos Santos Costa Maciel. Curitiba: InterSaberes, 2021.

    Bibliografia.
    ISBN 978-85-227-0357-9

    1. Desenvolvimento sustentável 2. Design 3. Meio ambiente – Leis e legislação 4. Sustentabilidade I. Título.

21-73496   CDD-745.4

Índices para catálogo sistemático:

1. Design e sustentabilidade   745.4

Cibele Maria Dias – Bibliotecária – CRB-8/9427

1ª edição, 2021.
Foi feito o depósito legal.
Informamos que é de inteira responsabilidade da autora a emissão de conceitos.
Nenhuma parte desta publicação poderá ser reproduzida por qualquer meio ou forma sem a prévia autorização da Editora InterSaberes.
A violação dos direitos autorais é crime estabelecido na Lei n. 9.610/1998 e punido pelo art. 184 do Código Penal.

SUMÁRIO

Apresentação 8

1 **QUESTÃO AMBIENTAL E SUAS ORIGENS: ECOLOGIA, IMPACTOS E PRESSÕES SOCIAIS** 14
  1.1 Ecologia: história e conceito 16
  1.2 Impactos ambientais: origens e razões 23
  1.3 Pegada ecológica 38
  1.4 A sociedade e as pressões por mudança 43

2 **ECOSSISTEMAS: CICLOS DA NATUREZA E SUSTENTABILIDADE** 54
  2.1 Conceitos importantes em ecologia 55
  2.2 Fluxo de matéria e energia nos ecossistemas 56
  2.3 Valores e utilização de recursos naturais nos ecossistemas 70
  2.4 Ciclo de vida dos produtos na natureza: implicações para a sustentabilidade 74
  2.5 Responsabilidade da sociedade em proteger os recursos naturais 82

3 **LEGISLAÇÃO AMBIENTAL BÁSICA: MUDANÇAS DE PARADIGMA E CENÁRIOS FUTUROS** 88

   3.1 Conceitos importantes 89

   3.2 Desenvolvimento sustentável e legislação ambiental 90

   3.3 Legislação ambiental brasileira 92

   3.4 Avaliação do processo atual de consumo e perspectivas para o futuro do desenvolvimento sustentável 117

4 **PRINCÍPIOS DA SUSTENTABILIDADE APLICADOS AO DESIGN** 122

   4.1 Sustentabilidade: breve histórico 123

   4.2 Design sustentável 131

   4.3 Redução do uso de materiais, energia e emissões 139

   4.4 Uso prolongado – durabilidade 145

   4.5 Benefícios do ecodesign 154

   4.6 Limitações do ecodesign 156

5 **MATERIAIS E PROCESSOS SUSTENTÁVEIS** 160

   5.1 Empresas: pressões por mudanças 161

   5.2 Sistema produto-serviço (PSS) 169

   5.3 Potenciais benefícios do PSS 180

   5.4 Biomimética e sustentabilidade 183

6 **SUSTENTABILIDADE E PERSPECTIVAS FUTURAS NO PROCESSO PRODUTIVO** 194

   6.1 População mundial, modelo de consumo e produção atual 195

   6.2 Perspectivas futuras do processo produtivo 200

   6.3 Indústria 4.0 203

   6.4 Indústria 4.0 e sustentabilidade 211

   6.5 Desafios da Indústria 4.0 218

   6.6 Inserindo a sustentabilidade 219

Considerações finais 232
Referências 236
Sobre a autora 256

APRESENTAÇÃO

O tema sustentabilidade entrou em pauta na sociedade quando o homem se deu conta de que a degradação da natureza e a extração de matérias-primas são extremamente prejudiciais e podem comprometer o futuro de toda a humanidade. Desde então, diversas ações de preservação ambiental têm sido criadas, tanto por parte da sociedade civil quanto do Estado.

Voltada a estudantes da área de design, mas também a todos os interessados no tema, esta obra apresenta ações de sustentabilidade que podem ser praticadas pelas empresas com ênfase para a área de design.

No Capítulo 1, trataremos das origens das questões ambientais, verificando como esse tema se tornou assunto mundial. Elucidaremos a história do termo "ecologia", as origens e razões dos impactos ambientais, descreveremos o conceito de pegada ecológica e comentaremos algumas mudanças que a sociedade tem proposto para diminuir o impacto ambiental.

No Capítulo 2, abordaremos o funcionamento dos ecossistemas, os ciclos dos elementos químicos e sua importância para a vida na Terra, o uso dos recursos naturais e seu impacto no planeta. Ainda, versaremos sobre a responsabilidade da sociedade em proteger os recursos naturais.

No Capítulo 3, conferiremos a legislação ambiental básica, trataremos de seus principais conceitos, de sua relação com o desenvolvimento sustentável e citaremos os órgãos governamentais ligados ao meio ambiente.

Já no Capítulo 4, discorreremos sobre sustentabilidade aplicada ao design, fazendo um breve histórico de tal conceito, salientando o ecodesign e comentando os materiais utilizados e como afetam o meio ambiente.

No Capítulo 5, abarcaremos os materiais e os processos sustentáveis, detalhando como esses materiais são utilizados pelas empresas e que atitudes as organizações tomam para adotar o desenvolvimento sustentável em sua política interna. Esclareceremos, ainda, o conceito de biomimética e o associaremos à sustentabilidade.

Por fim, no Capítulo 6, trataremos das perspectivas para o futuro no que respeita à sustentabilidade. Analisaremos o modelo de produção e consumo atual na sociedade, verificando seu impacto no meio ambiente, bem como soluções que devem ser implementadas para um consumo sustentável no futuro.

Esperamos que esta obra leve-o, leitor, a compreender o histórico da ecologia, entender o tema sustentabilidade e a repensar seus hábitos de consumo.

CAPÍTULO 1

QUESTÃO AMBIENTAL E SUAS ORIGENS: ECOLOGIA, IMPACTOS E PRESSÕES SOCIAIS

Desde o início da civilização, o homem procura aplicar seus conhecimentos para transformar matéria-prima em outro bem com maior utilidade em seu cotidiano. Nesse contexto, cada indivíduo produzia suas próprias ferramentas e produtos necessários para sua manutenção. Com o passar dos anos, em razão do acúmulo de conhecimento e experiência, bem como do aumento de interações sociais, tal forma de produção artesanal assumiu um caráter mais técnico, originando a produção organizada.

Com o advento da Revolução Industrial, a partir do século XVIII, o sistema produtivo sofreu grandes transformações, entre as quais Arruda e Piletti (2003) destacam: invenção da máquina a vapor, surgimento das fábricas e de novas fontes de energia (hidrelétrica e derivada do petróleo), formação de conglomerados industriais e multinacionais, produção automatizada em série e expansão dos meios de comunicação.

Contudo, os modelos de produção decorrentes desse processo de transformação industrial passaram por mudanças e avanços ao longo das décadas, especialmente em técnicas empregadas na fabricação de produtos e nas formas de gestão da indústria como um todo. Essas transformações resultaram em consequências positivas e negativas: entre as primeiras estão a melhoria do processo produtivo e a origem de modelos de gestão da produção do século XIX; já entre as segundas figura a degradação ambiental. Barbieri (2007) explica que a Revolução Industrial é o marco histórico na intensificação dos problemas ambientais, visto que a maior parcela de emissões ácidas de gases de efeito estufa e de substâncias tóxicas decorre das atividades industriais em todo o mundo. Nessa linha, os avanços industriais fizeram aumentar a oferta de produtos, os níveis de consumo e a extração dos recursos naturais, além dos rejeitos de produção e o lançamento de resíduos no meio ambiente que, na maioria dos casos, é feita sem preocupação com as possíveis consequências.

Diante do exposto, neste capítulo, abordaremos os seguintes temas: conceito e evolução da ecologia; definição de impacto ambiental e formas de identificação e avaliação, com destaque para a metodologia da pegada ecológica. Por fim, na última seção do capítulo, elucidaremos o contexto social que deu origem a conceitos que remetem à prática da proteção ambiental.

1.1 Ecologia: história e conceito

Quando se fala de ecologia, a primeira imagem que vem à nossa mente é a natureza, a fauna e a flora. Entretanto, será que a ecologia relaciona-se somente a esses elementos? Como a ecologia alcançou o *status* de área do conhecimento científico? Nesta seção, buscaremos responder a esses questionamentos.

Iniciamos identificando as raízes da ecologia, que evidencia a relação desta com questões ambientais e ligadas à natureza. Os primeiros registros de práticas de ecologia estão associados aos antigos egípcios e gregos. Essas primeiras civilizações tinham o hábito de combater as pragas no cultivo de cerais usando plantas, ervas e organismos vivos. Já na Grécia surgiram textos que remetem à observação das interações e do meio que envolve os seres vivos. Esses escritos tinham cunho filosófico e são atribuídos a pensadores como Hipócrates e Aristóteles.

A respeito das raízes históricas da ecologia, Godefroid (2016) apresenta um breve resumo:

> Na Idade Moderna, a ecologia foi objeto de estudo de pesquisadores como Gaunt, no século XVI, com seus trabalhos envolvendo taxas de nascimento, mortalidade, razão sexual e estrutura de idade das populações. [...] (Odum, 1988), e Buffon, no século XVIII, a quem devemos a afirmação de que algumas forças são capazes de contrabalancear o crescimento de uma população, o que constitui a base da regulação ecológica de populações [...]
> A ecologia também teve contribuições de outros estudiosos como: Malthus (1798), o qual afirmou que o crescimento de populações ocorre em ritmo exponencial e os recursos utilizados por essas populações ocorre em ritmo aritmético; [...].
> (Godefroid, 2016, p. 24)

Consta que a palavra *ecologia* foi usada pioneiramente por Ernest Haeckel, em 1869. Haeckel era um biólogo alemão que utilizou tal termo, em sua obra intitulada *Generelle Morphologie der Organismen*, para denominar o campo do conhecimento científico que objetiva estudar as condições de existência dos seres vivos e suas respectivas interações com o meio (Godefroid, 2016). É preciso salientar que essa primeira aplicação da palavra requer que se defina o que é meio ambiente, uma vez que esse termo é comumente associado à ecologia.

Podemos então, de forma objetiva, entender meio ambiente como o ambiente onde vivem e interagem os seres vivos de qualquer espécie. Uma definição mais precisa de meio ambiente é dada pela Lei Federal n. 6.938, de 31 de agosto de 1981, art. 3º, inciso I, conforme destaca Sánchez (2011, p. 19):

Uma rápida consulta a leis de diferentes países mostra similaridades e diferenças na maneira de definir seu campo de aplicação. Na legislação brasileira, meio ambiente é "o conjunto de condições, leis, influências e interações de ordem física, química e biológica, que permite, abriga e rege a vida em todas as formas (Lei Federal no 6.938, de 31 de agosto de 1981, art. 3º, I).

A primeira aplicação da palavra ecologia, em linhas gerais, remete à sua definição etimológica, que deriva do grego antigo *Oikos* e significa "casa", e *logos*, que significa "estudo"; em síntese, a ecologia é o estudo da casa (meio) dos seres vivos (Godefroid, 2016). Então, como definir ecologia? Para fins deste material, entenderemos por esse termo o campo do conhecimento científico que pesquisa, analisa e desvenda os organismos e suas relações com o meio. Essa definição é embasada na seguinte colocação de Begon, Townsend e Harper (2007):

> Parafraseando Haeckel, podemos definir a ecologia como o estudo científico das interações entre os organismos e o seu ambiente. A palavra é derivada do grego *oikos*, que significa "casa". Portanto, poderíamos dizer que a ecologia é o estudo da "vida doméstica" dos organismos vivos. Krebs (1972) sugeriu uma definição menos vaga: "A ecologia é o estudo científico das interações que determinam a distribuição e a abundância dos organismos". Observe que a definição de Krebs não utiliza a palavra "ambiente"; para saber a razão disso, é necessário definir esta palavra. O ambiente de um organismo consiste em um conjunto de influências externas exercidas sobre ele, as quais são representadas por fatores e fenômenos. Tais fatores podem ser físicos e químicos (abióticos) ou mesmo outros organismos (bióticos). As "interações" da definição de Krebs, naturalmente, são interações com esses vários fatores. O ambiente, portanto, conserva aqui a posição central concedida por Haeckel em sua definição. A definição de Krebs tem o mérito de localizar

o tema central da ecologia: a distribuição e a abundância dos organismos – onde os organismos ocorrem, quantos ocorrem em um determinado local e por quê. Assim, poderíamos propor uma definição ainda melhor de ecologia como: o estudo científico da distribuição e abundância dos organismos e das interações que determinam a distribuição e a abundância. (Begon; Townsed; Harper, 2007, p. 10)

Depois das contribuições de Ernest Haeckel e Krebs, a ecologia foi evoluindo como ciência no século XX, e surgiu o que vamos chamar de subdivisões da ecologia. Essas subdivisões são aplicações mais específicas da ecologia como definimos aqui e decorrem do avanço dos estudos na área conforme destaca Godefroid (2016, p. 28, grifo do original): "Os avanços dos estudos em ecologia permitem que atualmente a ecologia moderna possa ser dividida de acordo, por exemplo, com **seu enfoque, o objeto de estudo e a limitação do conhecimento de estudo**".

Sabendo que a ecologia, em linhas gerais, estuda os seres vivos, seu meio e as interações, destacamos que ela tem três níveis de interesse: (1) **individual**, (2) **populacional** e (3) **comunitário** (Begon; Townsed; Harper, 2007). Individualmente, a ecologia tem seu foco voltado ao indivíduo e à sua interação com o ambiente; já em âmbito populacional, a preocupação da ecologia é com as espécies (abundância, ausência e raridade); por último, em nível comunitário, tem-se o estudo da composição e a organização dos conjuntos de populações:

> No que se refere ao tema central da ecologia, a parte da "distribuição e abundância dos organismos" é agradavelmente sucinta. Todavia, necessitamos ampliá-la. [...]. A ecologia tem três níveis de interesse: organismo individual, população (formada por indivíduos da mesma espécie) e a comunidade (que consiste em um número

maior ou menor de populações). Em relação aos organismos, a ecologia se ocupa do modo como os indivíduos são afetados pelo seu ambiente (e como eles o afetam). No nível da população, a ecologia se ocupa da presença ou ausência de determinadas espécies, da sua abundância ou raridade e das tendências e flutuações em seus números. A ecologia das comunidades trata da composição e organização de comunidades ecológicas. (Begon; Townsed; Harper, 2007, p. 9)

A ecologia interage com outras ciências de forma direta ou indireta. Sua base está nas ciências biológicas (botânica, zoologia, genética e entomologia). E, como apoio para os estudos que buscam nos três níveis compreender os seres e sua interação com o meio, a ecologia se serve da estatística, da química, das ciências da computação, da economia, das ciências médicas e do direito ambiental.

No campo do design, o conceito de ecologia está relacionado ao desenvolvimento de produtos e serviços que considerem as implicações de sua produção e o uso sobre os seres vivos e suas interações com o meio. Nesse sentido, destaca-se a ecologia industrial, que tem por objetivo fornecer uma compreensão a respeito dos impactos resultantes dos sistemas de produção e consumo, se ocupando do estudo das interações biológicas, bem como das relações entre sistemas industriais e ecológicos. Nesse sentido, é necessário distinguir sistema ecológico de sistema industrial: "Sistemas ecológicos podem ser entendidos como qualquer organismo, conjunto de organismos ou complexo de organismos em suas circunvizinhanças, unidos por alguma forma de interação ou dependência regular de partes do sistema umas com as outras" (Ricklefs, 2003, p. 2).

No contexto da ecologia industrial, o conceito de sistema industrial é uma analogia ao conceito de sistemas ecológicos. Nesse sentido, enquanto nos sistemas ecológicos a ecologia pode ser entendida como qualquer organismo vivo, nos sistemas industriais esses organismos são as indústrias/empresas. Assim, surge o conceito de **ecossistema industrial**:

> A Ecologia Industrial baseia-se na metáfora que advém de retirar da análise do funcionamento dos ecossistemas naturais lições úteis para gerir melhor os sistemas industriais em sentido mais lato, ou seja, a sociedade que caracteriza as economias modernas e industrializadas. (Ferrão, 2012, p. 1)

> Um ecossistema industrial é a transformação do modelo tradicional de atividade industrial, no qual cada fábrica, individualmente, demanda matérias-primas e gera produtos a serem vendidos e resíduos a serem depositados, para um sistema mais integrado, no qual o consumo de energia e materiais é otimizado e os efluentes de um processo servem como matéria-prima de outro. (Frosh; Gallopoulos, 1989, citados por Oldenburg; Geiser, 1997, tradução nossa)

Diante do exposto, podemos concluir que a ecologia industrial tem uma visão sistêmica para as indústrias, de modo a fazer com que estas busquem formas de otimizar o uso de seus recursos e reduzir os impactos ambientais gerados por suas atividades. A respeito da visão da ecologia industrial sobre as indústrias, analisamos a seguinte declaração de Giannetti e Almeida (2015, p. 10):

> A Ecologia Industrial situa-se nessa visão, considerando que as empresas são organismos que participam de um ecossistema industrial, inserido na biosfera, da qual demandam recursos e para [a] qual excretam dejetos. Ao buscar compreender as inter-relações das empresas entre si com a biosfera, a ecologia industrial estabelece

o objetivo de minimizar entradas e saídas (que correspondem à extração de recursos naturais e ao lançamento de poluentes), bem como de criar sistemas de reciclagem tão fechados quanto possível, avançando no sentido de fazer respeitar os limites de sustentação do planeta.

Nesse excerto, evidencia-se que a ecologia tem a missão de reduzir o consumo de recursos naturais e minimizar ou eliminar o lançamento de poluentes no meio ambiente. Para que as empresas possam cumprir o propósito da ecologia industrial, é necessário que elas e os profissionais que têm contato com ela (lembrando que a ecologia é interdisciplinar, consequentemente a ecologia industrial engloba profissionais das diversas áreas – ciências da computação, engenheiros, designers, administradores etc.) conheçam e entendam seus conceitos basilares, como: final de tubo, prevenção à poluição, tecnologias limpas e ecoeficiência. A seguir, de forma objetiva, esclarecemos a que se refere cada um desses conceitos:

- **Final de tubo**: relaciona-se ao tratamento de resíduos finais de uma atividade produtiva. Nessa perspectiva, as empresas são responsáveis por dispor, tratar, reaproveitar e minimizar a geração de seus resíduos. Para isso, ela pode fazer uso de tecnologias de fim de tubo (a exemplo de sistemas de tratamento de efluentes); tecnologia de reparo ou armazenagem adequada desses resíduos (Lima; Rutkowski, 2010).
- **Prevenção à poluição**: programa que tem por finalidade o controle das emissões e de resíduos industriais, além de reduzir a poluição através de esforços cooperativos entre indústrias e agências governamentais, com base na troca de informações e na disponibilidade de incentivos (Lima; Rutkowski, 2010).

- **Tecnologias limpas**: são tecnologias incorporadas aos processos empresariais que previnem a geração de resíduos e impactos ambientais.
- **Ecoeficiência**: conciliação entre eficiência econômica e ambiental por meio da geração de produtos e serviços pela minimização do uso de recursos e diminuição de resíduos e poluentes. Enfatizamos que, nesse conceito, a minimização do uso de recursos e resíduos gera redução de custos empresariais como: multa por descumprimento das leis, desperdício de matéria-prima, gastos com tecnologias de fim de tubo.

Por fim, podemos concluir que o debate sobre a ecologia industrial está diretamente ligado à redução de impactos ambientais e ao consumo de recursos, tanto por parte dos indivíduos quanto por parte das empresas. Para nos aprofundarmos nesse aspecto, a seguir trataremos dos impactos ambientais, abrangendo – além do conceito, das razões de existência e das implicações – suas metodologias de mensuração.

1.2 Impactos ambientais: origens e razões

Você já refletiu sobre as manchetes dos jornais, que usam a expressão *impacto ambiental*? Você sabe definir em poucas palavras o que é impacto ambiental ou citar exemplos? Pois bem, aqui discutiremos esse conceito. Inicialmente, reflita sobre o seguinte questionamento: Quais são as origens dos fatos que você atribui aos impactos ambientais? Refletiu? Possivelmente, entre suas suposições estão razões como consumo, poluição, entre outras.

Temos de lembrar que o mundo está passando por um enorme paradoxo: desenvolver-se amplamente, porém, tendo de proteger os recursos naturais. Dado que o desenvolvimento nem sempre ocorre de maneira sustentável, mas de maneira predatória, às vezes desenvolver e proteger o meio ambiente são ações que podem ser interpretadas como opostas. Ao longo do século XX, desequilíbrios ambientais efetivos no planeta afetaram todo o plano global de várias maneiras (Guerra, 2006). Esse contexto é cada vez mais prejudicial ao meio ambiente e afeta a sociedade de diferentes maneiras; portanto, tornou-se uma das principais preocupações de diversos países.

Por um lado, se os padrões de consumo dos países centrais aumentaram, e esse consumo insustentável gerou enorme pobreza, os países mais pobres têm seus recursos extraídos pelas potências do mundo de forma predatória. Nesse sentido, as consequências do comportamento humano no uso de recursos naturais atraíram a atenção de mais um estudioso, em razão da grandiosidade dos impactos ambientais. É o que fica evidenciado em Engels (1979, p. 224):

> Os homens que na Mesopotâmia, na Grécia, na Ásia Menor e noutras partes destruíram os bosques para obter terra arável, não podiam imaginar que dessa forma estavam dando origem à atual desolação dessas terras ao despojá-las de seus bosques, isto é, dos centros de captação e acumulação de umidade. Os italianos dos Alpes, quando devastaram, na sua vertente Sul, os bosques de pinheiros, tão cuidadosamente conservados na vertente Norte, nem sequer suspeitavam que, dessa maneira, estavam arrancando, em seu território, as raízes da economia das granjas leiteiras; e menos ainda suspeitavam que assim estavam eliminando a água das vertentes da montanha, durante a maior parte do ano e que, na época das chuvas, seriam derramadas furiosas torrentes sobre as planícies.

É apropriado levantar alguns eventos e conjunturas sociais que causam o aumento da crise ambiental global, como a Revolução Industrial. Pesquisas por tecnologias cada vez mais avançadas resultaram em produtos que se tornam obsoletos com muita facilidade. Por conseguinte, tais conversões produzem uma grande quantidade de resíduos sólidos em razão do descarte cada vez mais célere (Milaré, 2016), especialmente quando se trata de resíduos sólidos eletrônicos.

Portanto, a deterioração ambiental que levou à crise atual sempre esteve relacionada ao crescimento desordenado da indústria, do comércio e das cidades, isso sem mencionar a falta de planejamento ambiental para a sustentabilidade na prática. Como já apontado, esse fato já ocorreu em muitos países, principalmente nos mais desenvolvidos, e reflete essas externalidades de maneira negativa nos países mais pobres.

A exploração dos recursos naturais passou a ser tão intensa que tem destruído a capacidade natural de restauração do planeta. Sabemos agora que é necessário aprender mais sobre os limites da reprodutibilidade de recursos básicos, tais como a água, para garantir a sobrevivência humana no planeta. Logo, é necessário e urgente desenvolver novas tecnologias sustentáveis para substituir o antigo modelo fordista, que conduziu à degradação humana, em razão da substituição de trabalhadores por máquinas, e igualmente a uma imensa degradação ambiental desde os primórdios da Revolução Industrial. Para que isso ocorra, é imprescindível que a sociedade reconheça os impactos ambientais.

Dando sequência a esta abordagem, definiremos o termo *impacto ambiental*.

1.2.1 O que é impacto ambiental?

A expressão *impacto ambiental* passou a ser mais utilizada a partir dos anos 1970 e 1980, quando diversos países perceberam a necessidade de estabelecer diretrizes e critérios para avaliar os efeitos adversos das intervenções humanas na natureza. Essa expressão comumente é associada a algum dano na natureza. Contudo, Sánchez (2011) afirma que a literatura técnica pertinente a esse conceito apresenta várias definições de impacto ambiental, sendo quase todas estas concordantes em seus fundamentos, embora fomuladas de diferentes maneiras. Os conceitos de impacto ambiental mais relevantes no contexto brasileiro são dados pela ISO 14001, de 1996, e pelo art. 1º da Resolução n. 1, de 23 de janeiro de 1986 do Conselho Nacional do Meio Ambiente (Conama, 1986).

Na definição dada por essa norma, impacto ambiental é conciderado "qualquer modificação do meio ambiente, adversa ou benéfica, que resulte, no todo ou em parte, das atividades, dos produtos ou serviços de uma organização" (item 3.4 da norma). Convém destacar a importância de conhecer esse fundamento da norma ISO, visto que é considerado por muitas organizações que buscam adotar sistemas de gestão ambiental.

No que tange à definição jurídica de impacto ambiental no Brasil, no art. 1º da Resolução n. 1/1986 do Conama (1986) está disposto:

> considera-se impacto ambiental qualquer alteração das propriedades físicas, químicas e biológicas do meio ambiente, causada por qualquer forma de matéria ou energia resultante das atividades humanas, que direta ou indiretamente, afetam-se: a saúde, a segurança e o bem-estar da população; as atividades sociais e econômicas; a biota; as condições estéticas e sanitárias do meio ambiente e a qualidade dos recursos naturais.

Tendo em vista as conceituações já analisadas, inferimos que impacto ambiental não é qualquer alteração nas propriedades do ambiente, mas qualquer alteração produzida pelos homens e por suas atividades, nas relações constitutivas do ambiente, que excedam a capacidade de absorção desse ambiente, conforme registra Moreira (2012). Sánchez (2011) ratifica esse entendimento destacando que o imapcto ambiental pode ser causado por uma ação humana que implique: supressão de certos elementos do ambiente; inserção de certos elementos no ambiente; e sobrecarga.

Nessa pespectiva, observamos que a mídia tem destacado impactos e desastres ambientais, especialmente no que tange à poluição de modo geral. Slack, Brandon-Jones e Johnston (2008) explicam que os desastres causados pela poluição e que são noticiados pela mídia podem ter várias causas, por exemplo o encalhamento de navios e tanques, lixo nuclear malclassificado, produtos químicos que vazam em rios ou nuvens de gases tóxicos soprados sobre as cidades industriais, entre outros. Entretanto, é importante resaltar que, apesar de vinculação existente entre impacto ambiental e poluição, deve-se levar em consideração que ambos são conceitos distintos. Para tanto, Sánchez (2011, p. 31) faz as seguintes apreciações acerca do conceito de impacto ambiental, quando comparado ao conceito de poluição:

- Impacto ambiental é um conceito mais amplo e substancialmente distinto de poluição.
- Enquanto a poluição tem somente uma conotação negativa, o impacto ambiental pode ser benéfico ou adverso (positivo ou negativo).
- Poluição refere-se à matéria ou à energia, ou seja, a grandezas físicas que podem ser medidas e para as quais podem-se estabelecer padrões (níveis admissíveis de emissão ou de concentração ou de intensidade).

- Várias ações humanas causam significativo impacto ambiental sem que sejam fundamentalmente associadas à emissão de poluentes (por exemplo, a construção de barragens ou a instalação de um parque de geradores eólicos).
- A poluição é uma das causas de impacto ambiental, mas os impactos podem ser ocasionados por outras ações além do ato de poluir.
- Toda poluição (ou seja, emissão de matéria ou energia além da capacidade assimilativa do meio) causa impacto ambiental, mas nem todo impacto ambiental tem a poluição como causa.

Mediante a relação entre impacto e poluição no contexto atual, é possível verificar que a maioria dos impactos se deve ao rápido desenvolvimento econômico sem controle de suas consequências, bem como à falta de preocupação com a manutenção dos recursos naturais. Dessa forma, os impactos ambientais mais significativos são verificados nas regiões industrializadas ou, ainda mais claramente, são oriundos das atividades produtivas desse tipo de organização.

As oganizações industriais geram impacto ambiental desde a sua instalação em dado espaço geográfico até a sua possível desativação. Contudo, os principais impactos causados pelas indústrias decorrem de sua operação. Na literatura relacionada a impacto ambiental e organizações industriais, há estudos realizados nos mais variados setores, tais como: laticínios (Machado; Silva; Freire, 2001); sucroalcooleiro (Silva; Ferreira, 2010); e vestuário (Teixeira; Castillo, 2012). Esses trabalhos demonstram que os principais impactos identificados estão atrelados a resíduos sólidos, efluentes líquidos, emissões gasosas, rejeitos de produção, entre outros fatores oriundos das atividades de produção e gerenciamento.

Nesse sentido, o impacto ambiental é a alteração no meio ou em algum de seus componentes por determinada ação ou atividade. Para tanto, essas alterações precisam ser quantificadas, pois apresentam variações negativas, podendo ser grandes ou pequenas. Ressaltamos também que a identificação, a análise e a mensuração desses impactos permite às organizações industriais procurar formas de mitigá-los, eliminá-los ou reduzi-los, evitando custos com penalidades de cunho ambiental e adquirindo ganhos econômicos e ambientais.

A seguir, detalharemos alguns métodos de identificação, análise e mensuração de impactos ambientais nas organizações. Estes auxiliam as empresas na identificação e na mensuração do impacto ambiental instrumentalizando-se para tomar iniciativas voltadas aos preceitos da ecologia industrial (confome indicamos na seção anterior).

1.2.2 Identificando, analisando e mensurando o impacto ambiental

Há distintas linhas metodológicas desenvolvidas para a avaliação de impactos ambientais, a saber: metodologias espontanêas (*ad hoc*); listagens (*checklist*); matriz de interações, redes de interações (*networks*); metodologias quantitativas; e modelos de simulação. O Quadro 1.1, a seguir, apresenta resumidamente do que trata cada tipo de metodologia, assim como suas contribuições e limitações.

Quadro 1.1 – **Metodologias de identificação, análise e mensuração de impactos ambientais**

Método	Definição	Contribuições	Limitação
Espontâneas (*ad hoc*)	São metodologias que se baseiam no conhecimento empírico de especialistas no assunto ou na área em questão, que utilizadas isoladamente desenvolvem a avaliação de impactos ambientais de forma simples, objetiva e dissertativa.	1. Proporciona uma visão multidisciplinar. 2. Inclui identificação e valorização dos impactos. 3. Fornece orientação para outras avaliações. 4. Possibilita uma estimativa rápida da evolução de impactos.	Não examina detalhadamente as intervenções e as variáveis ambientais envolvidas, considerando-as de forma subjetiva, qualitativa e pouco quantitativa.
Listagem (*checklist*)	Consiste na identificação e na enumeração dos impactos com base na diagnose ambiental realizada por especialistas dos meios físico, biótico e sócioeconômicos. Os impactos são dispostos em listas e podem, de forma limitada, incorporar escalas de valores e ponderações.	1. Permite a padronização da análise dos impactos. 2. Emprego imediato na avaliação qualitativa de impactos mais relevantes. 3. É adequada a avaliações preliminares.	Não considera relações de causa e efeito entre os impactos.
Matrizes de interações	São técnicas bidimensionais que relacionam ações como fatores ambientais. Apesar de poder incorporar parâmetros de avaliação, são métodos básicos de identificação.	1. Permite uma fácil compreensão dos resultados. 2. Aborda fatores biofísicos e sociais. 3. Acomoda dados qualitativos e quantitativos. 4. Considera a multidisciplinaridade.	O estabelecimento de pesos é um ponto crítico para a credibilidade ou não da análise dos impactos.

(continua)

(Quadro 1.1 – conclusão)

Método	Definição	Contribuições	Limitação
Redes de interações (*network*)	Consiste no estabelecimento de uma sequência de impactos ambintais a partir de determinada intervenção.	1. Permite uma visualização de impactos secundários e demais ordens. 2. Possibilita a introdução de parâmetros probabilísticos. 3. Orienta as medidas a serem propostas para o gerenciamento dos impactos.	Método complexo de aplicação e entendimento.
Quantitativas	Associam valores às considerações qualitativas que possam ser formuladas quando realizada uma avaliação de impacto de um projeto.	1. Permite uma análise final por meio do cálculo de um indíce global de impacto. 2. Fornece boas informações para caracterizar uma dada situação ambiental.	Método subjetivo.
Modelos de simulação	São relacionados à inteligência artificial ou aos modelos matemáticos. Destinam-se a representar tanto quanto possível o comportamento de parâmetros ambientais ou as relações e as interações entre efeitos de determindas ações.	Pode se adptar a diferentes contextos de análise.	Requer pessoal técnico e experiente, além de equipamentos apropriados e dispendiosos.

Fonte: Elaborado com base em Oliveira e Moura, 2009.

Entre os tipos apresentados, as metodologias de listagem sobressaem no contexto de avaliação de impactos ambientais em organizações industriais, pois permitem uma avaliação simples e objetiva. Entre as metodologias de listagem, podemos destacar a Análise de falhas e seus efeitos (FMEA, do inglês Failure Mode and Effect Analysis).

Conforme Barasuol et al. (2006), a FMEA é uma metodologia de análise de projetos (produtos ou processos, industriais e/ou administrativos) que tem como finalidade a identificação de todos os possíveis potenciais de falha e a determinação do efeito de cada uma destas sobre o desempenho do sistema (produto ou processo), mediante um raciocínio fundamentalmente dedutivo.

Para esses autores, depois de ter sua aplicação em estudos realizados na Nasa (sigla para National Aeronautics and Space Administration), a FMEA disseminou-se na indústria automobilística. Isso ocorreu porque, nesse nicho, é comum exigir em contrato que os fornecedores de autopeças utilizem tal ferramenta por esta ter uma análise de "baixo para cima" (*bottom-up*), que procura identificar falhas críticas em cada componente, suas causas e as respectivas consequências, aumentando a qualidade e a confiabilidade das peças produzidas. No entanto, a FMEA foi projetada para a detecção de falhas em projetos da aeronáutica. De qualquer modo, atualmente vem ganhando uma relevante aplicação na identificação e no diagnóstico dos problemas e riscos ambientais, principalmente no que tange à mensuração de impacto ambiental (Vandenbrande, 1998).

Nesse contexto, tal ferramenta visa prevenir os problemas ambientais mais importantes e impedir ou minimizar as consequências geradas pelos possíveis problemas. Vandenbrande (1998) explica que o clássico processo de FMEA pode ser facilmente adaptado a um estudo dos riscos potenciais do ambiente. Isso porque ao empregar uma tabela de pontuação de gravidade, o número de prioridade ambiental pode ser calculado da mesma forma que o número de riscos. Contudo, Andrade e Turrioni (2000), tomando como base a metodologia de Vandenbrande (1998), propõem que a FMEA seja aplicada nas organizações para a análise dos aspectos e impactos ambientais causados por suas atividades, podendo ser considerado como ECO-FMEA.

Segundo Andrade e Turrioni (2000), a ECO-FMEA pode ser utilizada para esses fins no sistema de gestão ambiental. Para tanto, esses autores apresenta um método de aplicação composto por 12 etapas, a saber:

1. definição da equipe responsável;
2. definição dos itens do sistema de gestão ambiental;
3. preparação para coleta de dados;
4. pré-filtragem dos aspectos ambientais considerados;
5. identificação do processo/função a ser considerado;
6. identificação dos aspectos e impactos ambientais;
7. identificação das causas e falhas;
8. identificação dos controles atuais de detecção;
9. determinação dos índices de criticidade;
10. análise dos riscos ambientais e plano de ações;
11. revisão do plano de ação;
12. revisão da ECO-FMEA sempre que necessário.

A ECO-FMEA proposta por Andrade e Turrioni (2000) contempla o processo prático da FMEA (tradicional), especificadamente nas etapas 5, 6, 7, 8, 9, que, uma vez aplicadas, resultam em um formulário de análise que se estrutura em nove colunas, conforme o apresentado no Quadro 1.2, a seguir. A primeira coluna corresponde à etapa de **identificação do processo/função**, na qual se descreve de forma direta o processo e/ou função em que serão analisados os impactos ambientais. A segunda e a terceira colunas correspondem às etapas de **identificação dos aspectos e dos impactos ambientais**, respectivamente são apresentados os aspectos associados ao processo/função e os impactos ambientais associados ao processo/função.

Quadro 1.2 – **Modelo em colunas de um formulário de análise com base no método FMEA**

1	2	3	4	5	6	7	8	9
Etapa do processo	Aspectos ambientais	Impactos ambientais	Gravidade do impacto (G)	Causa potencial	Ocorrência de causa (O)	Forma atual de controle	Grau de detecção (D)	IRA

Fonte: Elaborado com base em Andrade e Turrioni, 2000.

A quarta coluna corresponde ao índice de gravidade do impacto (G) e, segundo Vandenbrande (1998), resulta de uma análise do efeito do risco para a avaliação de sua gravidade, que é estimado em uma escala de 1 a 10, conforme o quadro mostrado. Esse índice aponta a gravidade de um impacto ambiental de um modo potencial de falha atinente ao meio ambiente.

A etapa **identificação das causas e das falhas** é contemplada na quinta coluna, e nela são elencadas as causas potenciais de falhas descritas em termos de algo que se possa corrigir ou controlar. Relacionada a essa etapa, a sexta coluna apresenta o índice de ocorrência de causa (O), o qual parte de uma análise do efeito do risco para a avaliação de sua probabilidade de ocorrência, sendo estimado também em uma escala de 1 a 10, conforme o Quadro 1.3, que exibiremos a seguir. Resumindo, o índice de ocorrência de causa aborda a probabilidade de ocorrência de uma específica causa/mecanismo.

Na sétima coluna, são postos os controles atuais do processo/função que foram diagnosticados na etapa de **identificação dos controles atuais de detecção das falhas ou causas**. Na sequência, a oitava coluna mostra o grau de detecção (D), que decorre da avaliação de uma causa de risco exprimindo o grau de controle possível de ser exercido sobre ele. Como os demais índices já apresentados, ele é estimado em uma escala de 1 a 10, conforme o Quadro 1.3, e corresponde à capacidade de controle e atuação no processo para evitar ou minimizar as causas do risco.

A nona coluna apresenta o índice de risco ambiental (IRA), que é a multiplicação dos valores estimados para cada um dos três índices anteriores (G, O, D). Esse índice propicia uma escala hierárquica de relevância de cada processo/função e seus respectivos impactos.

A quarta, a sexta, a oitava e a nona colunas resultam da etapa de **determinação dos índices de criticidade**.

Quadro 1.3 – **Diretrizes para classificação dos índices de criticidade**

Gravidade do impacto	Índice
Dificilmente será visível. Muito baixa para ocasionar um impacto no meio ambiente.	1-2
Não conformidade com a política da empresa. Impacto baixo ou muito baixo sobre o meio ambiente.	3-4
Não conformidade com os requisitos legais e normativos. Potencial de prejuízo moderado ao meio ambiente.	5-6
Sério prejuízo à saúde das pessoas envolvidas nas tarefas.	7-8
Há sérios riscos ao meio ambiente.	9-10

(continua)

(Quadro 1.3 – conclusão)

Ocorrência da causa	Índice
Remota: é altamente improvável que ocorra.	1-2
Baixa: ocorrência em casos isolados e com baixa probabilidade de ocorrer em um semestre.	3-4
Moderada: tem probabilidade razoável de ocorrer em um semestre.	5-6
Alta: ocorre com regularidade e/ou com períodos razoáveis, mais de uma vez por semestre.	7-8
Muito alta: não tem como se evitar, ocorre durante longos períodos típicos para condições operacionais. Grande probabilidade de ocorrer cada vez que executada a atividade.	9-10
Grau de detecção	**Índice**
Os controles atuais vão detectar quase de imediato o aspecto e a reação pode ser instantânea. Detecção rápida e solução rápida.	1-2
Existe alta probabilidade de que o aspecto seja detectado logo após a sua ocorrência, sendo possível uma rápida reação. Detecção a médio prazo e solução rápida.	3-4
Há uma probabilidade moderada de que o aspecto seja detectado em um período razoável antes que uma ação possa ser tomada e os resultados vistos. Detecção e solução a médio prazo.	5-6
É improvável que o aspecto seja detectado ou levará um período razoável antes que uma ação possa ser tomada e os resultados sejam vistos. Detecção a médio prazo e solução a longo prazo.	7-8
O aspecto não será detectado em nenhum período razoável ou não há reação possível. Detecção a longo prazo e solução a longo prazo.	9-10

Fonte: Vandenbrande, 1998.

A proposta de Vandenbrande (1998), bem como o trabalho de Andrade e Turrioni (2000) com a ECO-FMEA, constituiu uma inspiração e o embasamento de diversos estudos no contexto brasileiro no que tange a setores e atividades econômicas geradoras de impactos ambientais significativos. Martins e Zambrano (2003) utilizaram a metodologia ECO-FMEA para a análise dos impactos ambientais em uma empresa do ramo de usinagem. Para tanto, os autores fizeram um levantamento das entradas e das saídas de cada operação do processo de usinagem do pino de pistão e, posteriormente, calcularam para cada resíduo e efluente o risco ambiental por meio da multiplicação dos índices adotados para a severidade do impacto ambiental, probabilidade de ocorrência e facilidade de detecção. Como resultado, perceberam que o maior risco ambiental no contexto estudado foi o óleo desperdiçado, isso porque, durante o processo de torneamento e furação, as gotas de óleo expelidas não retornavam ao processo, mas aderiam ao chão da fábrica envolvendo entre outros riscos a contaminação humana.

Outro trabalho relevante quanto à aplicabilidade da ECO-FMEA foi o realizado por Wenceslau e Rocha (2012), que propunham utilizar a ECO-FMEA como suporte para a identificação dos aspectos e impactos ambientais em uma agroindústria de arroz. Esse estudo mostrou que, de maneira geral, os levantamentos realizados não apresentaram problemas ambientais graves nem sérios comprometimentos à saúde dos funcionários. O que ficou evidenciado foi que alguns investimentos são necessários para a melhoria da eficiência do processo produtivo nesse contexto.

Diante do exposto, verifica-se a crescente utilização da FMEA com foco ambiental, ou seja, a ECO-FMEA tem potencial para ferramenta de avaliação de aspectos e impactos ambientais com consequente aplicabilidade e contribuição para os diferentes setores.

Até este ponto de nossa abordagem, explicamos como identificar e avaliar impactos ambientais no contexto de empresa, mas qual metodologia remete à identificação e à mensuração de impactos ambientais em âmbito individual? Existem algumas metodologias, mas a mais conhecida é a pegada ecológica, abordada na seção a seguir.

1.3 Pegada ecológica

Conforme aludimos anteriormente, os impactos ambientais negativos remetem à ação das empresas, mas também ao comportamento de consumo dos indivíduos. Uma metodologia mundialmente conhecida que relaciona o consumo à capacidade de suporte do planeta é a pegada ecológica, definida a seguir.

> O termo "pegada ecológica" foi criado pelos cientistas canadenses Mathis Wackernagel e William Rees em 1990 e hoje é internacionalmente reconhecido como uma das formas de medir a utilização, pelo homem, dos recursos naturais do planeta. A Pegada Ecológica está diretamente relacionada ao desenvolvimento sustentável, ou seja, ao uso racional e equitativo (com justiça social) dos recursos naturais.[...] Pegada Ecológica é uma medida da área (em hectares globais, que abrangem terra e água) que ocupamos para a construção de prédios e rodovias e para o consumo da água, do solo para plantio agrícola, da vida marinha e de outros elementos que compõem a biodiversidade do planeta. Para se obter a Pegada Ecológica também são consideradas a emissão de gases de efeito estufa (principalmente o gás carbônico – CO_2) na atmosfera e a presença de poluentes no ar, na água e no solo. Os resultados nos dão uma ideia de como um indivíduo, uma cidade ou um país utiliza os recursos naturais, conforme os hábitos de consumo e estilos de vida.
> (Scarpa; Soares, 2012, p. 7)

Como podemos perceber, a pegada ecológica considera os impactos ambientais gerados pelo consumo dos indivíduos e o estilo de vida adotado por eles. Desse modo, concluímos que cada vez mais as pessoas incorporam estilos de vida voltados para o consumo, por exemplo: ao trocar de celular a cada novo modelo que surge para acompanhar o avanço tecnológico, maior será a contribuição para o aumento da pegada ecológica do planeta. Nesse sentido, o World Wide Fund for Nature (WWF-Brasil, 2013) nos conduz a refletir sobre nossos hábitos de consumo:

> Você é daquelas pessoas que troca os aparelhos eletrônicos e eletrodomésticos a cada modelo novo que surge no mercado e adora um importado? E para se locomover? Você usa o carro para tudo e viaja muito de avião? Ou anda mais de ônibus, de metrô ou de bicicleta?
> E na hora de se alimentar? O que escolhe? Alimentos produzidos perto de casa ou muito produto industrializado e importado? Você come carne, frango ou peixe todo dia ou consome mais legumes e vegetais frescos?
> Às vezes não nos damos conta disso, mas todas as decisões que tomamos no nosso dia a dia, como consumidores de produtos e serviços – nosso estilo de vida –, geram impactos sobre o planeta.
> Nossa passagem pela terra deixa marcas, ou pegadas, que podem ser maiores ou menores, dependendo das escolhas que fazemos no dia a dia. Você já parou para pensar sobre isso?
> Mas como saber se o consumo humano está dentro da biocapacidade do planeta? Foi buscando responder a essa pergunta que os pesquisadores Mathis Wackernagel e William Rees, da Global Footprint Network – GFN (rede mundial da pegada ecológica), criaram, em 1993, a Pegada Ecológica, ferramenta utilizada para medir os impactos do consumo humano sobre os recursos naturais.
> Com ela, é possível calcular o impacto do consumo de uma pessoa, cidade, região, país e de toda a humanidade. (WWF-Brasil, 2013, p. 6)

Além da pegada ecológica, existem outras metodologias que seguem o mesmo raciocínio: a pegada hídrica e a pegada de carbono. Convém, então, esclarecer o que mede cada uma dessas metodologias:

Pegada ecológica: mede os impactos da ação humana sobre a natureza, analisando a quantidade de área bioprodutiva necessária para suprir a demanda das pessoas por recursos naturais renováveis e para a absorção do carbono (CO_2).

Pegada de carbono: mede a quantidade de dióxido de carbono (CO_2) emitido na atmosfera, de maneira direta ou indireta, por uma atividade humana ou acumulada ao longo da vida útil de um produto.

Pegada hídrica: mede a água utilizada nos produtos e serviços consumidos por um indivíduo, comunidade ou atividade econômica em termos de volume, uso e poluição e também de localização. Tem como referência as bacias hidrográficas. (WWF-Brasil, 2013, p. 12)

Nesta obra, enfocamos a pegada ecológica, metodologia em que são coletados dados do consumo humano relacionado a vários elementos, definidos como componentes da pegada ecológica. A respeito desses componentes, diversos pesquisadores, instituições e organizações apresentam uma lista de forma abrangente ou resumida. Para Scarpa e Soares (2012), a pegada ecológica concentra-se em dados atinentes a água, biodiversidade, emissão de gases de efeito estufa, consumo de energia e poluição atmosférica, produção e destinação do lixo. Vale conferir, por exemplo, o que é considerado em relação à produção e à destinação de lixo.

Produção e destinação do lixo: um grave problema que enfrentamos hoje é o descarte dos resíduos sólidos (lixo). Restos de alimento e papéis úmidos descartados em locais inadequados podem se tornar ambientes propícios para a proliferação de vetores de doenças. Os ratos, por exemplo, são os principais responsáveis pela transmissão da leptospirose (pela sua urina).

A reciclagem de plásticos, papéis secos e metais é importante para diminuir os custos e a quantidade de produção desses materiais. (Scarpa; Soares, 2012, p. 12)

Para o WWF-Brasil (2013), a pegada ecológica requer a análise dos seguintes componentes: carbono, áreas de cultivo, pastagens, florestas, áreas construídas, estoques pesqueiros.

Carbono: representa a extensão de áreas florestais capazes de sequestrar emissões de CO_2, derivadas da queima de combustíveis fósseis, excluindo-se a parcela absorvida pelos oceanos que provoca a acidificação dos mesmos.

Áreas de cultivo: representa a extensão de áreas de cultivo usadas para a produção de alimentos e fibras para consumo humano, bem como para a produção de ração para alimentar os animais que criamos (gado, suínos, caprinos, aves), oleaginosas e borracha

Pastagens: representa a extensão de áreas de pastagem utilizadas para a criação de gado de corte e leiteiro e para a produção de couro e produtos de lã.

Florestas: representa a extensão de áreas florestais necessárias para o fornecimento de produtos madeireiros, celulose e lenha.

Áreas construídas: representa a extensão de áreas cobertas por infraestrutura humana, inclusive transportes, habitação, estruturas industriais e reservatórios para a geração de energia hidrelétrica.

Estoques pesqueiros: calculado a partir da estimativa de produção primária necessária para sustentar os peixes e mariscos capturados, com base em dados de captura relativos a espécies marinhas e de água doce. (WWF-Brasil, 2013, p. 10-11)

Por fim, Lisboa e Barros (2010) afirmam que o método engloba cinco categorias para as quais são atribuídas variáveis de acordo com a escolha do pesquisador, quais sejam: (1) alimentação, (2) habitação, (3) transporte, (4) bens de consumo e (5) serviço. São variáveis consideradas por esses autores para calcular a pegada ecológica de uma cidade: área verde, área construída, combustível fóssil, resíduos, eletricidade, água, carne bovina, alimentos e áreas de ocupação ilegal.

Para cada uma dessas variáveis são apresentadas justificativas. É interessante conferir três exemplos que ilustram isso:

Carne bovina: criações de gado bovino são responsáveis pela emissão de 80 milhões de toneladas anuais de metano para atmosfera durante a ruminação. E o esterco acrescenta mais 25 milhões de toneladas. Cada molécula de metano é 23 vezes mais eficaz para aquecer a atmosfera que a do gás carbônico. No Brasil a pecuária bovina é a maior responsável pelo desmatamento e consome grande parte da produção de grãos para seu alimento.

Alimentos: representam terras aráveis para o cultivo de alimento com baixa absorção de CO_2. Na agricultura são utilizados mais de 141 milhões de toneladas de pesticidas e fertilizantes no mundo para a produção de alimentos. Geração de grande quantidade de embalagens não recicláveis para seu armazenamento.

Áreas de ocupação ilegal: são áreas com impacto ambiental significativo ocasionado pelas ocupações ilegais incluídas em áreas de APPs. Entre elas estão as favelas, as nascentes e os fundos de vales ocupados e as áreas urbanizadas em terrenos com declividade acima de 45%. (Lisboa; Barros, 2010, p.11)

Tendo esclarecido o que envolve a pegada ecológica, é importante compreender como colaborar para a sua redução. Isso porque os dados apresentados pelo WWF-Brasil (2013) alertam sobre a capacidade de suporte do planeta e a pegada ecológica média mundial:

A Pegada Ecológica é de 2,9 hectares globais por habitante, indicando que o consumo médio de recursos ecológicos do brasileiro é bem próximo da média mundial, por habitante, equivalente a 2,7 hectares globais. Isso significa que se todas as pessoas do planeta consumissem como o brasileiro, seria necessário 1,6 planeta. A média mundial é de 1,5 planeta. (WWF-Brasil, 2013, p. 15)

Diante do exposto, algumas mudanças em hábitos dos indivíduos podem ajudar a diminuir a pegada ecológica. Por exemplo: redução do consumo diário de carne animal, reavaliar necessidades de compra, comprar produtos de segunda mão etc. Esses são hábitos relacionados aos indivíduos, mas como as empresas podem contribuir para a conservação do planeta aderindo a modelos e ferramentas que reduzam os impactos de suas atividades? Na seção a seguir, apresentaremos alguns modelos e algumas ferramentas de gestão ambiental nas empresas. Estas também são consideradas ferramentas atreladas à ecologia industrial, cujos princípios abordamos no início deste capítulo.

1.4 A sociedade e as pressões por mudança

Atualmente, atitudes que geram impacto ambiental ainda persistem em muitas organizações, principalmente nas de caráter industrial. No entanto, a pressão da atual conjuntura de mercado e sociedade impele essas empresas a atentarem para a prática do conceito de gestão ambiental por inúmeros motivos, entre os quais estão: obediência às leis, eficácia nos custos, vantagem competitiva e mudança na opinião pública.

No Brasil, por exemplo, há a obrigatoriedade de estudos ambientais para implantação de empreendimentos, como o Estudo de Impacto Ambiental (EIA) e o Relatório de Impactos Ambientais (Rima) (Sánchez, 2011).

No que tange à sociedade, esta questiona as autoridades responsáveis e partes envolvidas em busca de esclarecimentos a respeito dos desastres ambientais vivenciados no país nos últimos anos.

> Relatório da Agência de Meio Ambiente das Nações Unidas registrou os maiores rompimentos de barragens ocorridos desde 1985. Só nos últimos 5 anos ocorreram oito grandes acidentes pelo mundo. O Brasil, lamentavelmente, tem destaque nessa lista por ser o país com o maior número. Foram três acidentes com perda humana ou grave dano ambiental de 2014 para cá: rompimento de uma barragem da Herculano Mineração, em Itabirito (MG), em 2014, com três mortes; o vazamento na barragem do Fundão, em Mariana (MG), em 2015, com 19 mortes; e, agora, a tragédia com grande perda de vidas, em Brumadinho. (Passarinho, 2019)

Diante desse cenário, a sociedade questiona o papel e a responsabilidade de empresas envolvidas em desastres desse tipo, de modo que as organizações têm empreendido ações de responsabilidade ambiental. Nesse sentido, as empresas têm implementado a prática da **gestão ambiental**.

Deve estar claro que a gestão ambiental empresarial é um conjunto de políticas, programas e práticas administrativas e operacionais que levam em conta a saúde e a segurança das pessoas; a proteção do meio ambiente pela eliminação/minimização de impactos e danos ambientais; e a implantação, operação, ampliação, realocação e desativação de atividades em todas as fases do ciclo de vida de um produto (Donaire, 2007).

A relação entre empresa e meio ambiente e a ausência de práticas efetivamente integradas à gestão ambiental tem provocado, ao longo do tempo, sérios problemas ambientais, tais como: aquecimento global; poluição do ar, da água e do solo; destruição da camada de ozônio; desmatamento e escassez dos recursos naturais. Esses problemas foram acarretados por anos e anos de atividades e ações das empresas, e pelas mudanças de caráter evolutivo na postura diante das questões ambientais.

No processo de evolução das percepções das empresas sobre os impactos causados e suas responsabilidades ambientais, as organizações passaram, ao longo das décadas, por mudanças da alienação total das consequências de suas atividades produtivas até o enfoque preventivo/proativo; também foi perceptível a transição entre uma abordagem restrita e uma abordagem ampliada. Cabe esclarecer que a abordagem restrita predominou no período inicial das intervenções ambientais, visando soluções imediatas para os problemas diagnosticados; já a abordagem ampliada analisa o processo produtivo e a cadeia de produção para buscar soluções preventivas e evitar a poluição na origem (Lima; Rutkowski, 2009).

Para tanto, o processo de evolução na mentalidade das empresas com relação às questões ambientais foi estimulada pela complexidade do mercado, pelo aumento do consumo e de produção e pelas exigências ambientais crescentes, impelindo uma revisão também na conduta dos gestores.

Diante desse contexto, a gestão ambiental empresarial tem sido utilizada para lidar com as preocupações de cunho ambiental despertadas pela ação de três agentes: governo, sociedade e mercado. Segundo Barbieri (2007), as preocupações ambientais dos empresários decorrem da ação desses agentes, os quais pressionam exigindo mudanças e requerendo respostas à altura dos problemas ambientais gerados pela atividade da empresa.

Como reação a isso, as empresas podem fazer uso de alguns modelos ou de algumas ferramentas que lhes possibilitam colocar em prática os princípios da prevenção da gestão ambiental empresarial e os preceitos da ecologia industrial. São algumas dessas ferramentas: sistemas de gestão ambiental (SGA); auditoria ambiental (AA); ecodesing; avaliação de impacto ambiental (AIA); produção mais limpa (P+L), rotulagem ambiental; e avaliação do ciclo de vida (ACV). Na próxima seção, apresentamos brevemente cada uma dessas ferramentas; esclarecemos que algumas delas serão detalhadas nos próximos capítulos.

1.4.1 Sistemas de gestão ambiental

Segundo Vilela Júnior e Demajorovic (2006), podemos entender como sistema de gestão ambiental (SGA) a parte da gestão da organização que enfatiza o desenvolvimento e a implementação da política ambiental da empresa e o gerenciamento de seus impactos ambientais. As normas ISO 14001 e 14004 fornecem as orientações básicas no que se refere aos SGAs. A primeira define as diretrizes básicas, provendo nas organizações os elementos de um sistema eficaz e passível de integração com os demais objetivos da empresa. A segunda, por sua vez, especifica o comprometimento e a política; o planejamento; a implementação; a medição e avaliação; a análise crítica e a melhoria como os princípios integrantes de um SGA (Donaire, 2007). Cabe ressaltar que, conforme a ISO 14001 (Conama, 1986), os objetivos dos SGAs são: assegurar conformidade com a política ambiental, além do compromisso com a melhoria contínua e prevenção à poluição; e demonstrar essa conformidade a partes interessadas em busca de certificação e reconhecimento.

1.4.2 **Auditoria ambiental**

A auditoria ambiental (AA) consiste em um processo sistêmico de inspeção, análise e avaliação das condições gerais ou específicas de determinada organização em relação a fontes de poluição, eficiência nos sistemas de controle de poluentes, riscos ambientais, legislação ambiental, relacionamento da empresa com a sociedade e órgãos de controle e o desempenho ambiental da empresa.

Para Donaire (2007), a AA é um fator de suma importância para a efetiva política de minimização de impactos ambientais das organizações e da redução de seus índices de poluição, além do fato de sua execução tornar-se um critério fundamental para que investidores e acionistas possam fazer projeções do passivo ambiental da empresa.

É importante destacar que a maior vantagem da AA é permitir às empresas maior atenção no processo produtivo, identificando áreas de risco e procurando melhoria contínua.

1.4.3 **Ecodesing**

O ecodesing é uma ferramenta aplicada para desenvolver produtos cuja utilidade está voltada para a prevenção dos impactos ambientais e a realização de melhorias no ciclo de vida no processo de desenho do produto (Acosta; Padula; Zucatto, 2009). Como ferramenta de gestão ambiental, o ecodesing deve apresentar estratégias diferenciadas em cada fase do ciclo de vida do produto, incluindo: pré-produção, produção, distribuição, uso do produto ou serviço e descarte ou reutilização (Vilela Júnior; Demajorovic, 2006). A adequação da estratégia à fase do ciclo de vida contribui para a eficiência da aplicação dessa ferramenta.

1.4.4 Avaliação de impacto ambiental

A avaliação de impacto ambiental (AIA) visa identificar as consequências de atitudes presentes, tendo como principal objetivo analisar a viabilidade de novos investimentos. Ela informa sobre as medidas necessárias para evitar, reduzir ou compensar os impactos gerados pelo empreendimento durante as fases de implementação até o encerramento das atividades (Donaire, 2007).

1.4.5 Produção mais limpa

O método produção mais limpa (P+L) pode ser definido como a aplicação de uma estratégia preventiva e contínua que busca, por meio de sua integração com os processos existentes nas organizações, atingir a máxima eficiência no uso dos recursos disponibilizados. A P+L, como estratégia aplicada à gestão ambiental, é indicada como uma ferramenta ligada à responsabilidade social e ambiental (Silva Filho; Sicsú, 2003).

De acordo com o CNTL (2003), essa ferramenta pode ser empregada em vários processos da indústria, obtendo como resultado: redução do consumo de energia e do desperdício de matéria-prima, reciclagem de materiais etc. É importante destacar que a P+L pode ser aplicada nos mais diversos setores em razão de sua generalidade; entretanto, cada setor requer fatores diferenciados de análise.

1.4.6 **Rotulagem ambiental**

A rotulagem ambiental é um tipo de certificação ou declaração que as empresas buscam apresentar em seus produtos para evidenciar os atributos ambientais que estes têm. Essa ferramenta estimula o consumidor a reconhecer e dar preferência a produtos que causam menor impacto ambiental. Contudo, Vilela Júnior e Demajorovic (2006) alertam que essas declarações, para cumprirem seu papel, devem ser fiscalizadas para evitar o uso indevido:

> A rotulagem ambiental representa, ao mesmo tempo, uma das ferramentas mais benéficas para a mudança de hábitos dos seres humanos e uma das armas mais perigosas para enganar o consumidor sobre o real impacto do produto que ele está prestes a usar. Se essas declarações, na sua maioria, forem enganosas, e se não houver suficiente fiscalização pela sociedade, elas levarão milhões de consumidores a comprar produtos que continuam tendo um impacto fortemente negativo no planeta. (Vilela Júnior; Demajorovic, 2006, p. 350)

1.4.7 **Avaliação do ciclo de vida (ACV)**

Essa metodologia será aprofundada nos próximos capítulos desta obra. Neste momento, apenas apresentamos sua definição:

> a Avaliação de Ciclo de Vida (ACV) [...] avalia o desempenho ambiental de um produto ao longo de todo o seu ciclo de vida. Essa avaliação é feita por meio da identificação quantitativa de todas as entradas de recursos naturais (materiais

e energéticos) e de todas as saídas de rejeitos (emissões atmosféricas, efluentes líquidos, resíduos sólidos e rejeitos energéticos) ao longo de todas as etapas do ciclo de vida do produto, seguida pela avalição quantitativa dos impactos ambientais potencialmente associados a essas entradas e saídas. (Vilela Júnior; Demajorovic, 2006, p. 329)

Com a breve apresentação dessas metodologias e ferramentas, finalizamos este capítulo atingindo o objetivo de estudar o surgimento das preocupações com as questões ambientais.

NABODIN/Shutterstock

CAPÍTULO 2

ECOSSISTEMAS: CICLOS DA NATUREZA E SUSTENTABILIDADE

Dedicaremos este capítulo ao estudo dos ecossistemas e de como estes têm sido utilizados ao longo dos anos pelos seres humanos. Além disso, analisaremos o tempo de vida de produtos e seus impactos para os ambientes. Para tanto, apresentaremos os principais ciclos biológicos da natureza, que renovam os recursos naturais provenientes dela, a relação de uso e consumo desses recursos e, por fim, uma perspectiva de uso e consumo baseado na sustentabilidade de recursos naturais.

2.1 Conceitos importantes em ecologia

Para tratar de ecologia e do funcionamento dos ecossistemas, é necessário esclarecer alguns conceitos fundamentais propostos por Ricklefs (2010):

- **Organismos**: indivíduos de uma mesma espécie.
- **Populações**: indivíduos de uma mesma espécie vivendo em determinado local em certo intervalo de tempo.
- **Comunidades**: conjunto de populações coexistindo em determinado espaço geográfico.
- **Ecossistemas**: conjunto de fatores bióticos (seres vivos) e abióticos (ambientes) de determinado ambiente.

A matéria e a energia seguem diferentes processos e vias dentro dos ecossistemas, uma vez que a energia segue um fluxo unidirecional que se inicia nos seres autótrofos. Já a matéria segue ciclos e é constantemente reciclada por organismos adaptados para tais processos (Ricklefs, 2010).

Nesse sentido, os ecossistemas são constituídos por uma **biota** composta por organismos: **autótrofos**, também conhecidos como *produtores*, por serem capazes de produzir matéria orgânica a partir da energia solar, mediante o processo de fotossíntese; e **heterótrofos**, representados pelos consumidores e decompositores, uma vez que não conseguem produzir seu próprio alimento e, assim, precisam se alimentar de outros seres vivos, de modo a obter a energia necessária para desenvolver suas atividades básicas de sobrevivência.

Há, portanto, um intercâmbio constante de matéria entre diferentes populações que compõem um ecossistema e entre ecossistemas diferentes por meio dos ciclos biogeoquímicos e das chamadas *cadeias tróficas*.

2.2 Fluxo de matéria e energia nos ecossistemas

Como mencionamos anteriormente, os ecossistemas consistem em dado espaço geográfico e seus componentes físicos (água, gases, rochas) e biológicos (plantas e animais). Ao longo da história, o ser humano tem desenvolvido uma estrita relação com os ecossistemas nos quais está inserido, utilizando os recursos naturais provenientes deste e ao mesmo tempo modificando-o (Ricklefs, 2010).

Uma grande proporção da produção biológica da Terra é consumida hoje pelo ser humano. Essa energia produzida na base das cadeias biológicas, pelos produtores primários, como plantas e algas chegam ao topo da cadeia, em que o ser humano localiza-se, por meio de transferência seguindo os princípios das leis da termodinâmica.

A respeito dessa transferência de energia nos ecossistemas, Ricklefs (2010, p. 413) esclarece que:

> O tamanho de um ecossistema e as taxas de transformação de energia e materiais dentro dele obedecem a certos princípios termodinâmicos que governam todas as transformações de energia. A terra, é, portanto, uma gigantesca máquina termodinâmica que alimenta os sistemas biológicos. Assim, a energia e as massas dos elementos, tais como o carbono, proporcionam uma "moeda" comum utilizada na estruturação e no funcionamento de diferentes ecossistemas.

A ecologia de ecossistemas, portanto, é focada na ciclagem dessa energia e dessa matéria pelos ecossistemas. Esse processo de ciclagem é, então, fundamental para a manutenção de todos os processos biológicos desenvolvidos pelos seres vivos, incluindo o homem, uma vez que esse processo torna disponíveis todos os nutrientes e elementos fundamentais à vida.

Existem dois mecanismos de transferência de energia e matéria nos ecossistemas: as cadeias alimentares e os ciclos biogeoquímicos. Os primeiros transferem energia aos diversos níveis tróficos existentes; já os ciclos biogeoquímicos transferem e reciclam a matéria deixando-a disponível aos mais variados tipos de organismos vivos. Com relação à transferência de matérias orgânicas, Ricklefs (2010, p. 413) acrescenta que:

> Diferentemente da energia, a maioria da qual entra nos ecossistemas como luz e sai como calor, os nutrientes são regenerados e retirados amplamente dentro do sistema. Assim, a matéria cicla através de um ecossistema após ter sido assimilada em formas inorgânicas e convertida em biomassa pelas plantas. Os grandes elementos nutrientes orgânicos, além do oxigênio e nitrogênio, são os elementos carbono, nitrogênio fósforo e enxofre.

Portanto, os elementos permanecem na biosfera, em um **processo de ciclagem contínua** entre os organismos e o ambiente físico, antes que sejam perdidos para sedimentos, correntes e lençóis freáticos ou escapem para a atmosfera em forma de gases. Os organismos ajudam a transformar os elementos químicos mediante seus ciclos sempre que executam reações bioquímicas necessárias à sua sobrevivência. Um exemplo disso é o processo de fotossíntese realizado por algas e plantas: "Um exemplo de transformação assimilativa do CO_2 é o processo de fotossíntese, no qual as plantas usam a energia solar para mudar uma forma inorgânica de carbono (CO_2) em uma forma orgânica encontrada nos carboidratos" (Ricklefs, 2010, p. 429).

Entretanto, nem todas essas transformações ocorrem no interior de organismos vivos, elas podem acontecer no ar, no solo, ou na água; sendo assim, o ecossistema inteiro pode ser considerado um conjunto de compartimentos entre os quais os elementos são transferidos e ciclados. Acerca do tempo de ciclagem desses organismos, os elementos podem ciclar em períodos com diferentes durações, alguns ciclam rapidamente entre alguns compartimentos do ecossistema e lentamente entre outros. Os movimentos dos elementos no interior dos seres vivos ocorrem de maneira mais rápida, variando de uns poucos minutos podendo durar até a vida toda do indivíduo. No entanto, outros elementos podem ter uma transformação bem lenta, por exemplo o carvão, que armazena grandes quantidades de carbono orgânico os quais ficam armazenados por longos períodos até estarem disponíveis na forma de carbono inorgânico (Ricklefs, 2010).

Vale reforçar que os ciclos biogeoquímicos são fundamentais no processo de renovação dos recursos naturais presentes na biosfera terrestre. Participam desses ciclos organismos vivos, como plantas e outros animais, sem os quais estaria impossibilitada a disponibilização de certos elementos químicos para o consumo humano. Portanto, é imprescindível reconhecer a necessidade de o ser humano interagir com o meio sempre primando pela manutenção e pela preservação dos ecossistemas, a fim de evitar que elementos fundamentais para sua vida se tornem escassos ou deixem de existir.

2.2.1 Ciclos dos elementos químicos ou ciclos biogeoquímicos

Os ciclos naturais representam o meio pelo qual a Terra se renova e mantém a quantidade de elementos em equilíbrio, uma vez que os ecossistemas engendram recursos para se regenerar. Nesta seção, serão apresentados alguns dos ciclos mais importantes para a manutenção dos ecossistemas terrestres.

Ciclo da água

A água é um elemento fundamental para a manutenção da vida na Terra, além de ser importante nos processos econômicos desenvolvidos ao longo da história. Seu papel importante é percebido no abastecimento doméstico e público, na agricultura, na indústria e no comércio, além da produção de energia elétrica.

A água tem se mantido sobre a superfície terrestre em uma quantidade constante, nas suas três fases (sólida, líquida e gasosa), e essa quantidade de água está em permanente circulação entre seus três principais reservatórios: oceanos (96,6 %), atmosfera (0,013 %) e continentes (3,4 %).

O ciclo hidrológico proporciona um modelo físico de ciclagem de elementos dentro dos ecossistemas, uma vez que representa o movimento da água no meio físico em seus diferentes estados. Sendo assim, esse elemento está em constante circulação e ciclagem, passando de um meio a outro e de um estado físico a outro, mas sempre mantendo o equilíbrio, sem ganhos ou perdas de massa no sistema. Os processos que estão por trás dessa constante circulação são: evaporação, transpiração, precipitação, escoamento superficial, infiltração e escoamento subterrâneo.

Sobre isso, iniciamos a compreensão desse ciclo a partir das afirmações de que: "A água está envolvida quimicamente no processo de fotossíntese, mas é na evaporação e na transpiração que ocorre sua maior movimentação através do ecossistema, todo o trabalho de evaporação é realizado pela energia solar" (Begon, Townsend; Harper, 2007, p. 410).

Descrevemos, a seguir, uma série de eventos que marcam o ciclo hidrológico nos ecossistemas:

A. A água presente na superfície terrestre transfere-se para a atmosfera sob a forma de vapor e pode ocorrer por evaporação direta de corpos de água, por transpiração das plantas e animais ou por sublimação, a qual consiste na passagem direta da água de seu estado sólido para o estado gasoso.

B. A vapor de água, já na atmosfera, condensa-se e se precipita na forma de chuvas ou neve. Essa água precipitada pode voltar para a atmosfera na forma de vapor ou se acumular em reservatórios de água espalhados pela superfície terrestre. Existe, ainda, uma parte dessa água que infiltra nos solos, formando imensos reservatórios subterrâneos, denominados aquíferos.

c. A água acumulada na superfície retorna em forma de vapor para a atmosfera, reiniciando o ciclo hidrológico.

Em síntese, o ciclo está divido em dois tipos, de acordo com Ricklefs (2010), quais sejam:

I. **Grande ciclo**: é constituído pelas águas presentes em reservatórios, como lagos, rios e oceanos, que evaporam em razão do calor proveniente do sol e se condensam na atmosfera em nuvens, as quais liberam a água de volta em forma de chuva.

II. **Pequeno ciclo**: nesta parte, estão as plantas que absorvem a água presente nos solos para realizar seu processo de fotossíntese, liberando-a pela transpiração e respiração; e os animais que consomem a água diretamente e posteriormente a liberam no meio por intermédio da transpiração, da respiração ou da excreção. Nesse processo, parte da água encontra-se retida na biomassa do ser vivo e só retorna ao ambiente após sua morte e decomposição.

Logo, a principal fonte de energia térmica capaz de promover o movimento da água em seus diferentes estados é a energia solar. Esse ciclo é um agente modificador e transformador da crosta terrestre, condicionando todos os processos de erosão, assim como toda a distribuição de vida na Terra.

Ciclo do carbono

O carbono é um elemento essencial para a vida na Terra, em grande parte por constituir uma enorme variedade de compostos essenciais, tais como: proteínas, carboidratos, lipídeos, pigmentos, entre outros (Souza, 2012).

Os oceanos são considerados a maior fonte de carbono da superfície terrestre; neles, o carbono encontra-se em sua forma inorgânica, sendo o quarto elemento mais abundante no universo. Segundo Begon, Townsend e Harper (2007), o carbono se apresenta na natureza de duas formas: forma orgânica, que está presente nos organismos vivos e mortos ainda não decompostos; e forma inorgânica, presente nas rochas e nos oceanos.

O carbono na forma de dióxido de carbônico (CO_2) contribui para a manutenção da vida na Terra, uma vez que, com o metano, proporciona o que chamamos de *efeito estufa*. Esse fenômeno é capaz de manter a atmosfera terrestre na faixa de temperatura ideal para a sobrevivência de animais e plantas; sem essa proteção o planeta congelaria em pouco tempo. Grande parcela desse gás é movimentado nos ecossistemas graças a processos naturais, como: **fotossíntese**, realizada por plantas e algas marinhas; **respiração**, realizada por animais; e **dissolução oceânica** (Ricklefs, 2010).

Todos esses processos de movimentação constituem o ciclo global do carbono. A seguir, detalhamos esse ciclo nos ecossistemas, de acordo com Begon, Townsend e Haper (2007):

A. Plantas e algas retiram da atmosfera o carbono por meio de seu processo de fotossíntese.

b. Os átomos do carbono, então, incorporam-se às moléculas desses produtores que serão posteriormente ingeridos por herbívoros, e estes por carnívoros, que liberam esse carbono na terra, através de excrementos ou em decorrência de sua morte e decomposição. Esse carbono presente no solo será armazenado, muitas vezes, por um longo período de tempo e posteriormente utilizado como combustível, que após sua queima ou combustão, devolvem o carbono à atmosfera.

c. Outra forma de devolução do carbono é o processo de respiração, desenvolvido por uma grande parcela de seres vivos, e a dissolução oceânica, que desfaz grande porção do carbonato de cálcio.

O ciclo do carbono equilibra a emissão e a utilização desse elemento no ambiente terrestre. No entanto, com o passar do tempo e diversas ações antrópicas, esse ciclo tem se tornado cada vez mais desequilibrado. Com o advento e o desenvolvimento da indústria, o ser humano tem empregado crescentemente combustíveis fósseis como petróleo e carvão, incrementando a emissão de carbono da atmosfera em cerca de 1 bilhão de toneladas (Grace, 2001).

Além da queima de combustíveis fósseis, outra importante fonte de incremento desse gás na atmosfera, embora em menor escala, são as atividades de desmatamento e queimada de florestas para a utilização na agricultura e criação de gado (Vitousek, 1992).

Na proporção que crescem as atividades humanas, aumenta exponencialmente a emissão de carbono na atmosfera. Com isso, surge o questionamento: Até quando os ecossistemas terrestres e marinhos terão capacidade de absorver esse carbono? É bem provável que, se as emissões continuarem na proporção atual, esses ecossistemas entrem em colapso, alterando taxas de fotossíntese, respiração e mortalidade da vegetação, além de gerarem mudanças cada vez mais intensas nas temperaturas terrestres, afetando a vida na Terra como um todo.

Ciclo do nitrogênio

O nitrogênio é outro elemento importante para o equilíbrio nos ecossistemas terrestres e ambientais. Ele está em grande quantidade da atmosfera terrestre (cerca de 78% de todos os outros gases) e é essencial na composição de tecidos vivos, integrando todas as enzimas, as proteínas e o DNA (ácido desoxirribonucleico). Essa substância não pode ser assimilada diretamente na forma em que se apresenta na atmosfera, pela maioria dos seres vivos. Apenas uma pequena parcela de seres vivos consegue assimilar o nitrogênio na forma de gás e disponibilizá-lo para as demais formas de vida.

Para ser utilizado pela maioria dos organismos vivos, o nitrogênio precisa ser transformado nas formas de amônia (NH_3) ou nitrato (NH_4). Essa transformação pode ocorrer por meio de mecanismos de fixação ou disponibilização (Ricklefs, 2010).

Grande parte desse processo de disponibilização ocorre nos ecossistemas terrestres graças à ação de microrganismos livres ou associados com plantas, chamadas de *bactérias nitrificantes* que o transformam em nitrato e o disponibilizam para outros organismos.

A seguir, apresentamos alguns eventos desse ciclo:

A. O nitrogênio pode ser absorvido por microrganismos que se associam a raízes de plantas, chamadas *bactérias nitrificantes*, fixando-o e transformando-o em nitratos.

b. Esses elementos passam a fazer parte da molécula dos vegetais, os quais servem de alimento para os herbívoros e, depois, para os carnívoros.

c. Os carnívoros o devolvem à terra por excreção de resíduos nitrogenados, amônia ou nitritos.

d. A amônia e o nitrito podem ser transformados novamente em nitrogênio pela ação de bactérias desnitrificantes, voltando, então, à atmosfera em forma de gás nitrogênio.

Vale salientar que as ações humanas vêm provocando mudanças consideráveis também nesse ciclo, tendo em vista que elas constituem atualmente uma grande fonte de alternativa de nitrogênio disponível na atmosfera. A maior parte desse nitrogênio provém do uso de fertilizantes em áreas agrícolas e da queima de combustíveis fósseis.

Ciclo do fósforo

Os organismos necessitam do fósforo em um nível relativamente alto. Esse elemento é constituinte dos ácidos nucleicos, das membranas celulares, dos ossos e dos dentes, além de compor a molécula de DNA e o ATP (trifosfato de adenosina) (Ricklefs, 2010). Portanto, é um componente indispensável para a manutenção da vida em qualquer ecossistema.

O ciclo do fósforo é bastante peculiar, uma vez que não apresenta uma forma de gás disponível na atmosfera. A fonte desse elemento é o intemperismo de minerais compostos de fosfato de cálcio.

O processo de intemperismos pode ser acelerado pela ação de substâncias liberadas por fungos associados a raízes de algumas plantas. Além disso, o fósforo sofre um excelente processo de reciclagem a partir de suas formas orgânicas.

A seguir, listamos alguns eventos desse ciclo, segundo Begon, Townsend e Haper (2007):

A. As rochas, principais reservatórios de fósforo na natureza liberam esse elemento por meio do processo chamado *intemperismo*, que constitui um conjunto de fenômenos físicos, químicos ou biológicos responsáveis pela degradação e alteração da composição das rochas, transformando-as em solo.

B. Em razão de sua solubilidade, ele é levado até rios, lagos e oceanos pelo processo de lixiviação (solubilização dos constituintes químicos de uma rocha por intermédio da chuva).

C. Ele pode também ser incorporado aos organismos vivos, como as plantas, que podem absorvê-lo do solo, sendo posteriormente utilizados pelos organismos na formação de compostos orgânicos de fosfato (fosfato orgânico) que são essenciais à vida. Nos animais, o fosfato pode ser ingerido com a água ou incorporado pelo processo de biomagnificação (processo de incorporação de nutrientes ao longo das cadeias alimentares).

D. O fosfato orgânico pode ser devolvido ao solo por meio da decomposição da matéria orgânica por intermédio de organismos decompositores, os quais o convertem na forma de fosfato inorgânico. Esses microrganismos decompositores, por sua vez, desempenham importantes papéis no ciclo do fósforo e em sua disponibilidade para as plantas.

Assim como ocorre nos demais ciclos de outros elementos essenciais aos ecossistemas, as atividades humanas também vêm alterando o balanço desse elemento da natureza e, consequentemente, seu equilíbrio.

Nesse sentido, "O influxo de fósforo nos rios e lagos, na forma de esgotos e escoamento superficial de agriculturas fertilizadas, pode alterar o equilíbrio em ecossistemas aquáticos e terrestres" (Ricklefs, 2010, p. 441).

Esse fato se torna um problema, pois a produtividade agrícola atualmente está baseada na suplementação de fósforo, uma vez que a quantidade disponível no solo não é suficiente para dar suporte a grandes áreas de produção agrícola, baseadas em monoculturas, que o exaure. Em geral, os humanos adicionam ao solo fontes de fosforo provenientes de rochas fosfatadas, que são utilizadas como fertilizantes.

Além disso, o fósforo colocado em excesso nos ecossistemas naturais não é reciclado, ele é perdido. Com a exploração cada vez maior das fontes de fosfato inorgânico provenientes da mineração, é bem provável que as produções agrícolas tenham de repensar a reciclagem desse elemento para manterem o nível de produção atual, que abastece todo o planeta.

Ciclo do enxofre

O enxofre é considerado um macronutriente fundamental na composição dos organismos vivos, uma vez que participa dos processos de síntese de moléculas importantes, como as proteínas.

A crosta terrestre apresenta um grande reservatório desse elemento, porém ele é escasso na atmosfera. Portanto, seu ciclo inclui etapas no solo, na água e na atmosfera (Begon; Townsend; Harper, 2007).

Listamos, a seguir, alguns eventos desse ciclo:

A. As plantas são capazes de absorver o enxofre e utilizá-lo na produção de componentes estruturais como as proteínas, ele então é passado aos demais níveis tróficos das cadeias alimentares à medida que os herbívoros consomem as plantas, e os carnívoros se alimentam dos herbívoros.

B. Quando os animais em plantas morrem, os microrganismos decompositores liberam o enxofre presente nos tecidos vivos para o solo.

C. Do solo ele evapora para a atmosfera na forma de gás, passando então por um processo de oxidação.

Um grave problema envolvendo esse elemento é que seu aumento descontrolado na atmosfera decorrente principalmente da poluição industrial pode causar as chamadas *chuvas ácidas*, que ocorrem quando o gás enxofre reage com o vapor de água, formando o ácido sulfúrico. Essas chuvas podem causar severa degradação ambiental.

Alguns efeitos da chuva ácida segundo Begon, Townsend e Harper (2007) são:

- Organismos aquáticos são muito sensíveis à acidez, uma vez que o pH é modificado, causando a morte de muitos deles.
- A chuva ácida pode cair sobre as florestas e tornar os solos cada vez mais ácidos, gerando doenças e morte das árvores.
- O processo de lixiviação ou carreamento das chuvas pelos solos leva à diminuição dos teores em íons, como Ca_{2+}, Mg_{2+} e K_+, que são necessários ao desenvolvimento saudável dos vegetais.

- A chuva ácida acelera a corrosão dos metais e produz a decomposição de monumentos, principalmente os feitos de calcário e mármore.
- A chuva provoca nos reservatórios de água dissolução de CO_2 e SO_2 na água desencadeando complicações respiratórias e pulmonares aos organismos aquáticos. Para além disso, essa acidificação fragiliza os brônquios em resposta a infecções microbianas. Mais graves são os efeitos do monóxido de carbono (CO), pois este provoca asfixia, mesmo em teores muito baixos.

Muitas das transformações ao longo da ciclagem dos elementos nos diferentes ecossistemas são executadas por importantes microrganismos, que na maioria das vezes estão representados por bactérias (Ricklefs, 2010). Logo, a produtividade da biosfera se deve à ação de seres minúsculos.

A maioria desses organismos é chamada de *quimioautotróficos* porque utilizam elementos químicos como fonte de energia, transformando-os e mantendo o processo de ciclagem ativo e em certo nível de equilíbrio.

Por tudo isso, consideramos essencial o conhecimento desses importantes ciclos naturais para entender o funcionamento dos ecossistemas e como esses elementos estão dispostos nos mais variados ambientes. É preciso entender o impacto das mudanças globais provenientes de um sistema de produção pautado na exploração de recursos naturais. Observamos ainda que, em todos os ciclos, as ações humanas podem levar a significativas transformações no equilíbrio e fluxo destes elementos.

É premente que o ser humano busque formas de mitigar esse processo exagerado de exploração de recursos, evitando a superexploração e o desperdício. Por isso, é fundamental um consumo mais consciente de recursos importantes, a fim de manter seus estoques para serem disponibilizados para gerações futuras.

2.3 Valores e utilização de recursos naturais nos ecossistemas

Uma definição importante que deve ser destacada, antes de iniciarmos a discussão, é a de recursos:

> A definição de recursos naturais abarca um amplo espectro de componentes como recursos minerais (minérios), recursos biológicos (fauna e flora), recursos ambientais (ar, água e solo), recursos incidentais (radiação solar, ventos e correntes oceânicas). Todo recurso natural é um bem que provém da natureza e que o homem pode utilizar para satisfazer suas necessidades, sendo classificado em recurso natural renovável ou não renovável em função da capacidade de esgotamento. (Senhoras; Moreira; Vitte, 2009, p. 3)

Além disso, faz-se necessário compreender a diferença entre recursos naturais renováveis e não renováveis:

> Os recursos naturais não renováveis são os que não podem ser recolocados pelo homem ou renovados pelo próprio ambiente após sua exploração (OECD, 1997), como por exemplo o petróleo, os minerais (carvão de pedra, xisto, ferro, manganês, cobre, pedras preciosas), a matéria prima do vidro (sílica, soda caustica e cal),

entre outros. Recursos naturais renováveis são recursos naturais que, depois de sua exploração, podem voltar para seus níveis de estoque anteriores por um processo natural de crescimento ou reabastecimento. (OECD, 1997)

A história da humanidade está atrelada à exploração de recursos naturais para sua subsistência na condição de grupo social; no entanto, essa estreita relação entre homem e natureza ao longo do tempo vem modificando a dinâmica da natureza anterior ao surgimento da espécie humana (Machado; Lourenço, 2013). Nesse sentido, com o advento de novos sistemas de civilização e tecnologias, a demanda por recursos provenientes da natureza aumentou gradativamente.

Os recursos naturais, tais como água pura, solo e até paisagens, são considerados recursos de uso comum pertencentes à toda a sociedade (Primack; Rodrigues, 2001). Geralmente a esses recursos não se costuma atribuir um valor monetário; por isso, as pessoas estão acostumadas a utilizá-los de forma indiscriminada, danificando-os sem levar em consideração seu real valor.

> Demonstrar o valor dos recursos naturais e da biodiversidade em si é um assunto complexo pois este é determinado por uma variedade de fatores econômicos e éticos. Nesta estrutura estes valores estão divididos em: valores diretos, aos quais estão relacionados os bens produzidos pelas pessoas e valores indiretos, aos quais estão relacionados os benefícios fornecidos pelos ecossistemas, e que não implicam no uso ou destruição de recursos. Os benefícios aos quais se pode atribuir valores indiretos incluem a qualidade da água, a proteção do solo, recreação, educação pesquisa cientifica. Controle climático e a provisão de futuras opções para a sociedade humana. O valor de existência é outra forma de valor indireto que pode ser revertido em benefício – por exemplo, a quantidade de pessoas que desejam pagar para que os animais e os recursos sejam protegidos. (Primack; Rodrigues, 2001, p. 41-42)

O chamado *valor de consumo* pode ser atribuído a mercadorias que são retiradas do meio ambiente para a subsistência das comunidades. Tais produtos não são comprados nem vendidos, não tendo valor monetário. "O valor de consumo pode ser atribuído a um produto, considerando a quantidade de pessoas que teriam que pagar para comprar produtos equivalentes no mercado, se as fontes locais não estivessem mais disponíveis" (Primack; Rodrigues, 2001, p. 41-42).

Enquanto os recursos são utilizados como meio de subsistência pelas comunidades, existe um consumo consciente destes. No entanto, quando grandes empresas iniciam um processo de superexploração, geralmente esses recursos vão se tornando cada vez mais escassos, e muitas vezes as comunidades têm de se mudar para outros locais. Com a transferência dessas populações da zona rural para a zona urbana, sobrecarregam-se os grandes centros urbanos.

O valor produtivo:

> É um valor direto atribuído a produtos que são extraídos do ambiente e vendidos no comércio nacional ou internacional. Esses produtos ou recursos naturais têm seu valor estabelecido por padrões econômicos, como consequência, o que parece ser um produto natural de menor importância pode ser, na verdade, o ponto de partida de produtos industrializados de grande valor. (Primack; Rodrigues, 2001, p. 43)

Mesmo em países desenvolvidos, o valor produtivo dos recursos naturais é significativo. "Alguns trabalhos avaliaram que 4,5% do PIB dos Estados Unidos dependem, de alguma forma, de recursos extraídos da natureza. Esse percentual mostra-se ainda mais alto para os países em desenvolvimento, que têm menos indústrias e uma grande parcela da sua população concentrada na zona rural" (Primack; Rodrigues, 2001, p. 44).

Os valores indiretos, os quais são fornecidos pela biosfera, podem ser destinados a aspectos da diversidade biológica, tais como processos ambientais e serviços proporcionados pelos ecossistemas. Eles podem representar recursos essenciais à manutenção da economia (Begon; Townsed; Harper, 2007).

Esses recursos muitas vezes podem ser imperceptíveis, o que diminui ou silencia seu valor. Podemos citar como exemplo a capacidade fotossintética de plantas e algas:

> A energia solar armazenada nos tecidos vegetais pode ser coletada pelos humanos de maneira direta como na madeira de combustão, forragem e consumo de alimentos naturais. Esta matéria vegetal é também o ponto inicial de inúmeras cadeias alimentares de todos os produtos animais que são consumidos pela população. (Primack; Rodrigues, 2001, p. 44)

Nesse sentido, aproximadamente 40% da produtividade do ambiente terrestre é absorvida pelas necessidades humanas. E isso causa uma alta modificação de ambientes naturais, como o desmatamento de extensas áreas para o plantio de monoculturas ou para a criação de gado, sem mencionar a exploração de recursos pesqueiros para a alimentação humana. Além disso, quando a vegetação é perturbada pelas ações supracitadas, o dano causado ao solo é imensurável e pode no futuro ocasionar infertilidade total, inviabilizando as produções agrícolas (Primack; Rodrigues, 2001).

Por conseguinte, a erosão causada nos solos pela retirada de árvores com suas raízes sustentadoras pode acarretar o arrasto de uma grande quantidade de sedimento. Ao alcançar mares e lagos, esse material pode provocar a morte de animais aquáticos que muitas vezes representam recursos pesqueiros importantes. Ainda, a erosão pode levar o sedimento a reservatórios de água potável, atingindo o abastecimento. Por isso, a proteção da água e de outros recursos naturais é vital na proteção de bacias hidrográficas e no controle e equilíbrio dos ecossistemas (Kreileman, 1994).

Além disso, a vegetação atua no controle do clima local, regional e global, fornecendo sombra e transpirando água, gerando um microclima de resfriamento. Também atuam na reciclagem da água, mandando-a de volta à atmosfera; lá, a água precipita em forma de chuva; por isso, em muitas áreas degradadas o que se vê é uma gradual elevação das temperaturas. Em uma escala mais global, a perda de vegetação pode gerar uma redução na absorção de dióxido de carbono, ocasionando maior concentração desse gás na atmosfera e causando um aumento exagerado nas temperaturas do clima global, chamado de *aquecimento global* (Primack; Rodrigues, 2001, p. 44).

2.4 Ciclo de vida dos produtos na natureza: implicações para a sustentabilidade

Durante muitos anos, a humanidade tem pautado seu desenvolvimento na produção de bens de consumo dependente de recursos naturais extraídos da natureza, sem qualquer preocupação com a possível exaustão desses elementos. A partir da Revolução Industrial, o modelo de produção humana vem passando por mudanças ainda mais drásticas; estas, porém, resultam em um aumento cada vez mais expressivo na extração de matérias-primas da natureza e na geração de energia para atender o atual padrão de consumo da humanidade (Sachs, 1993).

No entanto, nos últimos anos, tem crescido a preocupação com as questões ambientais, inscrevendo na agenda global o tema dos impactos ambientais gerados pelos processos de produção, desde a retirada da matéria-prima do ambiente, passando pela fabricação, pelo consumo e pela alocação final do produto (Mazur, 2011).

Em suma, o meio ambiente não atua apenas como produtor de matérias que servem ao processo produtivo, mas também é o receptor de todos os resíduos provenientes desse processo.

> Como qualquer ser vivo, o ser humano retira recursos do meio ambiente para prover sua subsistência e devolve as sobras. No ambiente natural, as sobras dos organismos que, ao se decomporem, devolvem elementos químicos que serão absorvidos por outros seres vivos, de modo que nada se perde. O mesmo não acontece com as sobras das atividades humanas, que serão denominadas aqui genericamente de poluição. (Barbieri, 2007, p. 20)

Soma-se à crescente industrialização o processo de urbanização, que se caracteriza pela transferência de uma grande parcela da população do campo para a cidade. Principalmente nas últimas décadas, esses processos provocaram consequências ambientais significativas.

> O processo de forte industrialização e urbanização verificado a partir de meados do século XX, com seus padrões de processos produtivos e de consumo, vem

provocando impacto no meio ambiente e afetando a saúde da sociedade. Os resíduos e poluentes no ar, no solo e na água vêm contaminando várias áreas e provocando doenças entre a população. Muitos desses impactos negativos são irreversíveis, apresentando-se como problemas para a sociedade. (Itani; Vilela, 2007, p. 1)

O modelo de consumo humano também vem se modificando ao longo das últimas décadas. Com isso, os produtos tiveram que se adequar às exigências do mercado consumidor. Com uma demanda crescente, a população tem acelerado a destruição do meio ambiente. Conforme Jacobi (2003, p. 1):

> o planeta está chegando a um ponto cada vez mais crítico, observando-se que não pode ser mantida a lógica prevalecente de aumento de consumo. Já se verificam os impactos no plano ecológico global.
>
> A reflexão sobre as práticas sociais, em um contexto marcado pela degradação permanente do meio ambiente e do seu ecossistema, cria uma necessária articulação com a produção de sentidos sobre a educação ambiental.

É notória a diminuição da vida útil dos produtos para aumentar a satisfação momentânea do consumidor, e isso gera uma quantidade enorme de material que não recebe destino adequado, não passando por reciclagem. Na maioria das vezes, esse processo de consumo de produtos com uma vida útil curta não é uma escolha do consumidor, mas uma imposição dos fabricante: os indivíduos são obrigados a consumir bens que se tornam obsoletos cada vez mais rápido.

Durning (1992) chama a atenção para o fato de que os eletrodomésticos fabricados há algumas décadas eram muito mais resistentes que os produzidos atualmente, sendo fabricados para durar e não quebrar com facilidade; caso quebrassem, seu conserto era economicamente viável, o que atualmente não acontece mais.

Diante disso, a chamada *consciência ecológica* vem ganhando força na indústria de vários países. Como uma resposta, novas técnicas têm sido desenvolvidas para auxiliar empresas a produzirem de forma ambientalmente consciente, preocupando-se com todas as etapas do processo produtivo, de modo que seja viável ambiental e economicamente.

A avaliação dos impactos ambientais e dos processos produtivos conscientes passa por uma análise do ciclo de vida do produto (ACV), a qual leva em consideração desde a extração da matéria-prima do ambiente natural até o descarte do produto, tendo em vista os impactos gerados em cada etapa produtiva.

Muitas empresas ou organizações vêm se conscientizando da importância e dos benefícios de integrar a questão ambiental ao processo produtivo. Entre esses benefícios figuram a criação de alternativas de consumo mais consciente e, consequentemente, a abertura de um mercado totalmente novo para esses consumidores. Outros benefícios são: auxiliar no entendimento dos possíveis impactos ambientais interligados a todo o processo produtivo, possibilitar uma potencial mudança na percepção atual que o sistema produtivo tem de impacto ambiental.

A AVC foi criada durante a primeira crise mundial do petróleo, que gerou uma busca desenfreada por fontes alternativas de energia e chamou a atenção para a fragilidade das fontes não renováveis de recursos naturais. Esse tipo de avaliação permite a identificação dos estágios de produção de determinado produto em que ocorrem os maiores impactos ambientais (Coltro, 2007), ou seja, a intenção é detectar se o impacto é maior na retirada do produto na natureza, na fonte de energia utilizada para sua produção ou na forma como ele poderá ser descartado no meio ambiente quando findar seu tempo de vida útil.

Ferrão (1998) define **ciclo de vida** de um produto todas as etapas do processo de produção, levando em consideração: consumo de energia, matérias-primas, transporte e logística, características da utilização do produto, manuseio, embalagem, marketing e consumo, além dos resíduos gerados e respectiva reciclagem e/ou destino final.

As fases de aplicação da ACV envolvem: definição de objetivos e escopo, análise de inventário, avaliação de impactos e interpretação dos resultados. A seguir, estão detalhadas todas essas fases, de acordo com Chehebe (1998):

I. **Objetivo e escopo**: essa fase se refere à função do estudo e compreende informações como: fonte de dados, possíveis atualizações e definição de utilização pública ou não. Existem alguns itens no processo que devem ser considerados, como:
  › fluxo de energia;
  › fluxo de materiais;
  › transporte;
  › tipos de fontes de energia;
  › uso dos produtos;
  › disposição dos resíduos;
  › reciclagem, reuso e recuperação de energia;
  › operações de manutenção.

II. **Análise do inventário**: nessa fase, os dados coletados ou mensurados servem para quantificar as entradas e as saídas de um processo produtivo, avaliando todas as etapas deste e, consequentemente,

o impacto do ciclo de vida de determinado produto. Quantifica-se, então, a energia e a quantidade de materiais consumidos, assim como a quantidade de poluentes emitidos ao ambiente. Para tanto, as seguintes etapas devem ser consideradas:
› preparação para a coleta dos dados;
› coleta dos dados;
› refinamento dos limites do sistema;
› esquematização do diagrama de blocos;
› determinação dos procedimentos de cálculos;
› procedimentos de alocação.

III. **Avaliação do impacto**: para elucidar o objetivo dessa etapa do processo, faz-se necessário esclarecer um conceito fundamental, o de impacto ambiental. Segundo a Resolução Conama n. 1/1986, trata-se de qualquer alteração das propriedades físicas, químicas e biológicas do meio ambiente; porém, este conceito é muito amplo e não muito eficiente na mensuração de possíveis impactos.

Viola (1991) considera impacto ambiental uma poderosa influência exercida sobre o meio ambiente, provocando o desequilíbrio do ecossistema natural. Sendo assim, o impacto deve ser entendido como qualquer alteração produzida em grande ou em pequena escala pelo ser humano em decorrência de suas atividades. Tem por objetivo avaliar e quantificar os impactos gerados na cadeia de produtiva, convertendo-se os valores obtidos nos resultados em impactos ou danos ao meio ambiente. Para tanto, deve-se levar em consideração alguns elementos:

A. **Seleção e identificação dos impactos**: é a fase do processo em que se faz a identificação de categorias e indicadores, levando-se em conta a preocupação ambiental e o conhecimento científico dos processos e mecanismos ambientais. É preciso selecionar categorias de impactos e categorizar as fases de produção, abrangendo impactos como:
   › Exaustão de recursos não renováveis, tais como minerais, minérios e combustíveis fosseis.
   › Aquecimento global proveniente da emissão de gases como CO_2, N_2O e CH_4;
   › Toxicidade humana: exposição do ser humano a substâncias tóxicas através da água, do solo ou do ar.
   › Ecotoxicidade: danos causados à biota (fauna e flora) por substâncias químicas.
   › Acidificação: modificação na acidez do solo ou da água.
   › Nutrificação: causada pelo aumento da produção de biomassa com a adição de nutrientes à água ou ao solo. Esse processo pode causar uma redução na quantidade de oxigênio nos reservatórios de água, afetando outro organismo marinho e terrestre.
B. **Classificação**: agrupamento e classificação dos dados de acordo com os impactos determinados.
C. **Caracterização**: modulação dos dados obtidos, categorizando e expressando-os na forma de resultados numéricos que possam ser quantificados.

De acordo com a ISO 14062, essa avaliação pode servir para importantes fins, tais como:
   › expressar a preferência relativa de uma organização;

> assegurar visibilidade, quantificação e documentação do processo;
> estabelecer a importância dos resultados com base em outros temas de estudos ambientais.

D. **Normalização**: permite estabelecer referências de grandeza para cada categoria considerada, viabilizando a visualização dos impactos mais significativos ou desprezíveis, se comparados ao impacto da área de referência.

E. **Análise da qualidade dos dados**: com o intuito de compreender a significância dos dados, algumas técnicas podem ser utilizadas nessa análise de qualidade, quais sejam:
> análise de contribuição: identifica os dados que mais contribuíram para o resultado;
> análise de incerteza: determina como as incertezas afetam a confiabilidade dos resultados;
> análise de sensibilidade: determina como mudanças nos dados e métodos podem afetar os resultados.

IV. **Intepretação dos dados**: tem por objetivo analisar e interpretar os resultados, tirando conclusões e identificando possíveis limitações, além de fornecer recomendações para um processo produtivo mais focado e preocupado com as questões ambientais. Esse processo engloba algumas etapas, como:
> identificação das questões ambientais mais significativas;
> avaliação dos resultados;
> conclusões, recomendações e relatórios acerca das questões ambientais envolvidas no processo produtivo.

Por tudo isso, durante essa avaliação e detecção do perfil ambiental do sistema produtivo, é recomendável utilizar o diagnóstico a fim de promover uma melhoria em toda a cadeia produtiva ou em parte dela, com o intuído de tornar o processo mais sustentável.

Uma vez que a ACV consiste numa metodologia que fornece subsídios para tomadas de decisão com relação a impactos ambientais relacionados ao processo de produção, buscando maneiras de promover a sustentabilidade ambiental em alguma escala do processo produtivo de indústrias. Além disso, ela é capaz de minimizar o uso de produtos tóxicos, reduzir o consumo de água e energia, diminuir a geração de resíduos e encontrar soluções para utilizá-los como subprodutos, avaliar a utilização de máquinas e equipamentos e gerenciar outras atividades ambientais (Chehebe, 1997).

2.5 Responsabilidade da sociedade em proteger os recursos naturais

Todas as espécies (com exceção do *Homo sapiens*) que coabitam o Planeta Terra estão restritas à utilização de seu ambiente (Primack; Rodrigues, 2001), e por isso a densidade de determinadas espécies tende a reduzir à medida que os recursos naturais ficam escassos no ambiente. O ser humano, mediante a criação de tecnologias, o advento da agricultura e a criação de gado em grande escala, vem degradando os recursos biológicos de forma acelerada e sem nenhum precedente no processo evolutivo do Planeta Terra.

É sabido que boa parte da degradação e poluição ambientais da atualidade poderia ser minimizada com modelos de planejamento mais eficientes.

> Se degradarmos os recursos naturais da Terra e fizermos com que as espécies se tornem extintas, as gerações futuras terão que pagar o preço em termos de um padrão inferior de qualidade de vida. Portanto, as pessoas hoje deveriam usar os recursos de maneira sustentável para que não danifiquem as espécies, comunidades e os ecossistemas, para que as gerações futuras possam receber a Terra em boas condições. (Primack; Rodrigues, 2001, p. 65)

O conceito de **desenvolvimento sustentável** vem sendo aplicado com o objetivo de satisfazer às necessidades produtivas do presente sem comprometer o desenvolvimento das gerações futuras, a fim de promover o mínimo de equidade social e equilíbrio ecológico. O grande desafio é a sociedade utilizar o alto desenvolvimento tecnológico adquirido para contribuir para a solução dos danos que foram causados ao meio ambiente ao longo de décadas de exploração.

De acordo com Sachs (1993), o termo *sustentabilidade* apresenta cinco dimensões principais:

1. **Social:** maior equidade na distribuição de renda e bens.
2. **Econômica:** gerenciamento e alocação de recursos, proporcionando o fluxo de investimentos públicos e privados.
3. **Ecológica:** limita o consumo de recursos não renováveis, além de buscar a redução de poluição e resíduos.

4. **Espacial**: maior equilíbrio na demografia da população rural e urbana proporcionando uma maior distribuição territorial.
5. **Cultural**: modernização de processos para a geração de soluções a fim de garantir a preservação dos ecossistemas.

Dessa forma, o desenvolvimento sustentável busca manter o equilíbrio entre a industrialização, o progresso, o padrão de consumo e a estabilidade ambiental, tendo como principal objetivo o bem-estar social.

No mundo todo, organizações ativistas e ambientalistas têm traçado metas e estratégias a fim de proteger os ecossistemas e a biodiversidade. Isso é de grande relevância porque todas as espécies têm valor em si mesmas e o humano não tem o direito de destruir a diversidade biológica como vem fazendo ao longo de sua história evolutiva.

> Uma vez que atividades humanas atualmente estão destruindo a diversidade biológica da Terra, estruturas políticas, econômicas, tecnológicas e ideológicas devem ser mudadas. Essas mudanças levam à melhoria da qualidade de vida das pessoas, com ênfase na melhoria da qualidade do ambiente, da estética, da cultura e da religião mais do que nos níveis mais altos do consumismo material. A filosofia da ecologia profunda inclui obrigação de se trabalhar para implementar as mudanças necessárias através do ativismo político e comprometimento com as mudanças e estilo de vida de cada um. (Primack; Rodrigues, 2001, p. 65)

É necessário, então, que a sociedade desenvolva métodos de minimizar esses impactos ambientais gerados ao longo do tempo, modificando os modelos de produção e consumo que se mostraram ineficientes e extremamente devastadores para a biota terrestre.

NABODIN/Shutterstock

CAPÍTULO 3

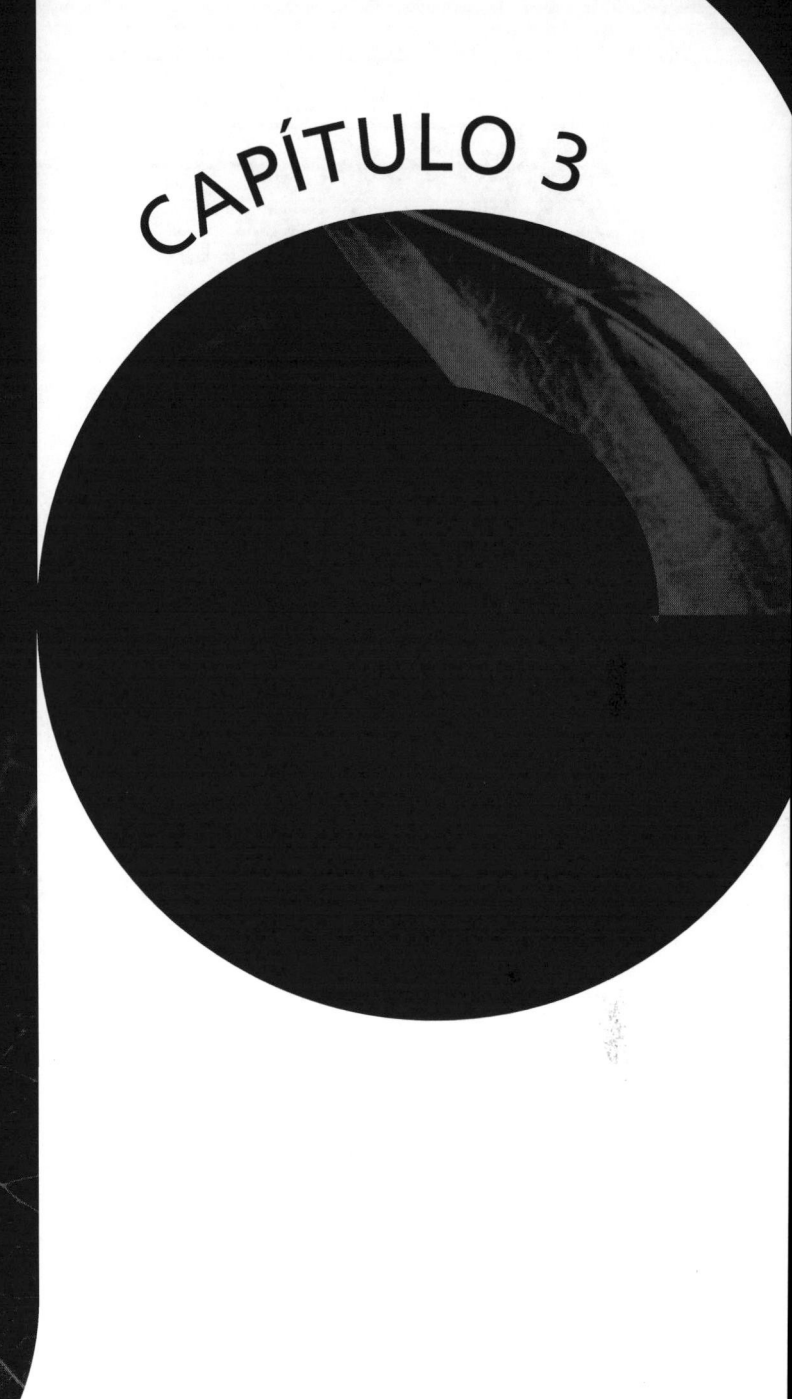

LEGISLAÇÃO AMBIENTAL BÁSICA: MUDANÇAS DE PARADIGMA E CENÁRIOS FUTUROS

Neste capítulo, enfatizaremos a legislação ambiental vigente. Para tanto, comentaremos as principais leis que regulamentam a exploração do meio ambiente e garantem sua proteção. Também exploraremos a questão de crimes ambientais e as perspectivas para o futuro com base no desenvolvimento sustentável e na minimização dos impactos ambientais.

3.1 Conceitos importantes

Há certos conceitos fundamentais no contexto da legislação ambiental, os quais são apresentados pelo art. 3º, inciso I, da Lei n. 6.938, de 31 de agosto de 1981 (Brasil, 1981). São eles:

I. **Meio ambiente:** soma total de condições, leis, influências e interações de ordem física, química e biológica, que abriga e rege a vida em todas as suas formas.

II. **Recursos ambientais:** atmosfera, águas interiores, superficiais e subterrâneas, estuários, mar territorial, solo, subsolo, elementos da biosfera, fauna e flora.

III. **Risco ambiental:** qualquer possibilidade de ocorrer algum tipo de degradação ambiental proveniente de quaisquer atividades antrópicas que danifiquem o ambiente de alguma forma.

IV. **Poluição:** qualquer tipo de degradação da qualidade ambiental resultante de atividades humanas que prejudiquem a saúde, a segurança ou o bem-estar do meio ambiente, de sua biota; criem condições adversas às atividades sociais e econômicas; afetem desfavoravelmente a biota; afetem as condições estéticas ou sanitárias do meio ambiente; lancem matérias ou energia em desacordo com os padrões ambientais estabelecidos. O agente poluidor é a pessoa física ou jurídica, de direito público ou privado, responsável, direta ou indiretamente, por atividade causadora de degradação ambiental.

v. **Dano ambiental**: qualquer alteração das propriedades físicas, químicas e biológicas do meio ambiente, causada por qualquer forma de matéria ou energia resultante das atividades humanas que, direta ou indiretamente, afetem a saúde, a segurança, o bem-estar da população; as atividades sociais e econômicas; a biota (fauna e flora de determinada região); as condições estéticas e sanitárias do meio ambiente, enfim, a qualidade dos recursos ambientais.

Detalharemos esses conceitos adiante.

3.2 Desenvolvimento sustentável e legislação ambiental

Ao longo da história, sempre houve um conflito entre o desenvolvimento econômico e a preservação da natureza. O chamado *desenvolvimento sustentável* nasceu como uma possível solução para esse embate. Isso porque se propõe a satisfazer as necessidades econômicas, evitando ou minorando os impactos sobre o meio ambiente e sua biodiversidade (Primack; Rodrigues, 2001).

A sociedade, por meio de órgãos governamentais das esferas federais, estaduais e municipais, tem aprovado uma gama de leis que se referem à proteção ambiental e de espécie, as leis de conservação da natureza, que regulamentam atividades que afetam diretamente os ecossistemas. Essa regulamentação pode envolver vários aspectos, como: limitação de extração de produtos silvestres, limitação de lançamento de resíduos, limitação do uso do solo e avaliação de impacto ambiental. A seguir, pormenorizamos aspectos na visão de Primack e Rodrigues (2001) e algumas leis que os regulamentam:

A. **Limitação de extração de produtos silvestres**: refere-se à extração de recursos diretamente da natureza, como caça, pesca e extração de produtos florestais. A fim de regulamentar a proteção da fauna, surgiu a Lei de Proteção à Fauna (Lei n. 5.197, de 1997), que constitui um instrumento legal para regularização da caça e a proibição de comércio de espécies silvestres. No mesmo viés, figura a Lei de Pesca de 1967, que proíbe a pesca de algumas espécies ameaçadas e durante épocas reprodutivas. Soma-se a esses instrumentos o Código Florestal – Lei n. 4.771, de 15 de setembro de 1965 (Brasil, 1965) –, que regulamentou vários aspectos da extração de produtos florestais e mais tarde foram complementadas pelas portarias do Conselho Nacional do Meio Ambiente (Conama) e pelas resoluções do Instituto Brasileiro do Meio Ambiente e dos Recursos Naturais (Ibama).

B. **Limitação do lançamento de esgotos**: refere-se ao cuidado com o descarte de resíduos produzidos por indústrias e moradias domésticas. Sobre isso prega o Decreto-Lei n. 1.413, de 14 de agosto de 1975 (Brasil, 1975a), que dispõe que as indústrias deverão prevenir ou corrigir os inconvenientes causados pela poluição. Na agricultura, tem-se a Lei de Agrotóxicos – Lei n. 7.802, de 12 de julho de1989 (Brasil, 1989c) –, que contém disposições acerca de pesquisa, experimentação, produção, embalagem, rotulagem, transporte, armazenamento e destino final desses produtos.

c. **Limitação do uso do solo:** os estabelecimentos de unidades de conservação (UC) representam uma das poucas formas de limitação desse recurso, uma vez que estas são as únicas fontes de terras protegidas em muitos países. Essas unidades podem apresentar vários aspectos, além de nomenclatura e regulamentação diferenciadas – exemplo: *parques, reservas, estações ecológicas, reservas de uso sustentável, áreas de proteção ambiental*, entre outras.

D. **Avaliação do impacto ambiental:** a criação do Relatório de Impacto Ambiental (Rima), por meio da Resolução do Conama n. 01 de 1986, foi um importante advento para avaliar essa questão. Nesse documento, registra-se o impacto que determinada obra potencialmente trará ao meio ambiente; o risco é posteriormente avaliado por órgãos ambientais federais e estaduais por meio do Grupo de Avaliação de Impacto Ambiental (Gaia).

Na próxima seção, aprofundaremos a abordagem desse tema.

3.3 Legislação ambiental brasileira

Ao longo do século XX foi notório o intenso crescimento populacional e consequente aumento do desenvolvimento industrial e econômico da sociedade. Para suprir toda a demanda de matéria-prima necessária ao processo de industrialização, ocorreu uma intensa exploração dos recursos naturais em todo o mundo.

No Brasil, essa exploração tem sido muito acentuada, em razão de seu histórico de colônia de exploração, com um acentuado processo de retirada dos recursos naturais gerando grandes prejuízos ambientais. Desde o período colonial, os recursos naturais vêm sendo explorados por meio de normas e instituições que reforçam o papel do Estado como mandatário.

No entanto, nos últimos anos houve uma crescente conscientização por parte da população mundial com relação ao intenso processo de degradação ambiental e aos problemas sociais resultantes dessa exploração. Em virtude dessa mudança de pensamento da sociedade, o poder público sentiu-se pressionado a tomar as devidas providências para minimizar os problemas ambientais.

No Brasil, os debates relativos à questão ambiental resultaram na edição da Lei n. 6.938, conhecida como Política Nacional do Meio Ambiente (PNMA), que foi instituída no país em 31 de agosto de 1981. Proporcionou maior notoriedade às questões ambientais, sendo um grande avanço, em que o pensamento que se tinha era de desenvolvimento a qualquer custo. A PNMA determina que sejam realizados estudos de impactos ambientais com intuito de garantir licenças e, assim, garantir recursos financeiros para projetos.

Tal instrumento legal foi marcante na história da legislação ambiental brasileira, pois ensejava e legitimava a defesa e a proteção do ambiente e das gerações futuras, ou seja, constituía uma ferramenta legislativa de preservação da natureza.

A Lei n. 6.938/1981 foi um marco para o país no que atina à legislação ambiental, pois, por meio dela, muitos recursos naturais puderam ser preservados. No ano em que a lei foi aprovada, o Brasil era governado pelo general João Figueiredo, o último presidente do regime militar, e, segundo Paulo Nogueira Neto, um dos principais mentores da lei, a qual foi importante para aprimorar o tratamento de assuntos referentes ao meio ambiente, além de ter conseguido unir os votos de aliados do governo e de opositores. No entanto, ainda existem falhas na legislação que precisam ser corrigidas de modo a atender aos objetivos propostos.

A PNMA instituiu a criação do Sistema Nacional de Meio Ambiente (Sisnama), constituído por órgãos, entidades da união, estados, municípios e Distrito Federal, além de fundações instituídas pelo governo. A lei também auxiliou a criação do Conselho Nacional do Meio Ambiente (Conama), que determina a elaboração dos Estudos de Impactos Ambientais (EIA) e dos Relatórios de Impacto Ambiental (Rima), ficando a cargo do Ibama o posterior licenciamento das atividades que provocam modificações no meio ambiente, tais como: construções de estradas, ferrovias, portos, aeroportos, extração de petróleo, construção de obras hidráulicas, entre outros. Entretanto, os estudos de impactos ambientais muitas vezes não abrangem de modo amplo os impactos socioambientais.

As leis ambientais começaram a ser implementadas em 1981, por meio de um sistema de proteção ambiental, de normas de usos dos diversos ecossistemas e normas para disciplinar diversos tipos de UC impondo direitos e deveres aos cidadãos.

Iniciaremos o estudo dessas leis com base na Constituição Federal (CF) por meio de seu art. 225, o qual dispõe sobre o direito de todos ao meio ambiente e estabelece as incumbências do poder público (Brasil, 1988). A CF dispõe em diferentes títulos e capítulos acerca da preservação ambiental para esta geração e as próximas. Além disso, nela consta a definição da expressão "meio ambiente". A seguir, apresentamos alguns temas abordados pela constituição.

O já citado art. 225 afirma que todos têm direito ao meio ambiente ecologicamente equilibrado, bem de uso comum do povo e essencial à sadia qualidade de vida, impondo-se ao poder público e à coletividade o dever de defendê-lo e preservá-lo para as presentes e futuras gerações. Ainda de acordo com esse artigo, o poder público tem diversas atribuições, tais como:

A. preservação e restauração de processos ecológicos essenciais;
B. preservação da diversidade e integridade do patrimônio genético do país;
C. definição de espaços territoriais que devem ser preservados;
D. exigência, na forma da lei, para instalação de obra ou atividade potencialmente causadora de significativa degradação do meio ambiente, estudo prévio de impacto ambiental;
E. controle de produção, comercialização e emprego de técnicas, métodos e substâncias que comportem risco para a vida, a qualidade de vida e o meio ambiente;
F. promoção da educação ambiental;
G. proteção da fauna e da flora.

Ainda nesse artigo do texto constitucional, há a previsão de que atividades consideradas lesivas ao meio ambiente sujeitarão os infratores, pessoas físicas ou jurídicas, que de alguma forma degradaram o meio ambiente ou exploraram recursos naturais, a recuperar o meio ambiente degradado.

Por isso, alguns ambientes considerados *hotspots* de biodiversidade, ou seja, locais com alta diversidade de fauna e flora como a Floresta Amazônica brasileira, a Mata Atlântica, a Serra do Mar, o Pantanal Mato-Grossense e a Zona Costeira são consideradas pela constituição patrimônio nacional, e a utilização de seus recursos será feita sob condições que assegurem a preservação do meio ambiente.

Sendo assim, o artigo supracitado atribui a qualquer cidadão brasileiro o direito ao meio ambiente ecologicamente equilibrado e o dever de preservá-lo (Sampaio, 2015).

3.3.1 Sistema de órgãos federais destinados à implementação da legislação ambiental

Para melhor entendimento da hierarquia de regulação da legislação ambiental, se faz necessário saber que foi criado um sistema de órgãos federais destinados a conferir eficácia à legislação ambiental, compreendendo: o Conama, órgão normativo, consultivo e deliberativo; Ministério do Meio Ambiente, órgão central com atribuições de coordenação, supervisão e controle da Política Nacional do Meio Ambiente; e o Ibama, órgão executivo.

Sobre a criação da Política Nacional do Meio Ambiente, seguindo a discussão acerca desse tema, há a já mencionada Lei n. 6.938/1981, que institui a PNMA, definindo diretrizes e normas. Essa lei cuida dessa política, bem como da congregação dos órgãos e das entidades da União, dos estados, do Distrito Federal e dos municípios, na responsabilização da proteção e melhoria da qualidade ambiental.

Além de criar o Conama e determinar medidas de ordem administrativa e civil, tidas como necessárias à tutela do meio ambiente, criou instrumentos de política ambiental.

A PNMA tem como objetivo principal a preservação, a melhoria e a recuperação da qualidade ambiental, visando assegurar o desenvolvimento socioeconômico do país, além da proteção da dignidade da vida humana, atendendo aos seguintes princípios básicos, como os colocados no art. 2º dessa lei:

A. ação governamental na manutenção do equilíbrio ecológico, considerando o meio ambiente um patrimônio público e assegurando sua proteção;

B. fundamentar e fiscalizar o uso de recursos naturais ambientais, tais como: solo, subsolo, água e ar;

C. proteção dos ecossistemas, por meio do controle de atividades poluidoras e da preservação de áreas representativas;

D. incentivos ao estudo e à pesquisa de tecnologias voltadas ao uso racional e à proteção dos recursos ambientais, com o intuito do acompanhamento da qualidade ambiental, da recuperação de áreas degradadas e da proteção de áreas ameaçadas de degradação;

E. promoção da educação ambiental a todos os níveis de ensino, inclusive à educação da comunidade, objetivando capacitá-la para participação ativa na defesa do meio ambiente.

Ademais, a instituição da PNMA promove o desenvolvimento econômico-social sustentável, que leva em consideração a preservação e o equilíbrio ecológico mediante critérios e padrões de qualidade ambiental, além de normas relativas ao uso e ao manejo de recursos naturais provenientes do meio ambiente (Diodato, 2004).

Uma vez que essa política nacional está pautada na disseminação do desenvolvimento sustentável e na proteção ambiental, ela também visa à formação e à disseminação de uma consciência pública acerca desses temas, além da preservação e da restauração dos recursos ambientais (Oliveira; Bursztyn, 2001).

O parágrafo único do art. 5º da Lei n. 6.938/1981 estabelece que as atividades de empresas públicas ou privadas serão exercidas em consonância com as diretrizes da PNMA e, portanto, deverão obedecer às diretrizes e aos critérios estabelecidos pela lei.

Para auxiliar no estabelecimento e no cumprimento dessas diretrizes, foi criado o Conama e suas várias competências em matéria ambiental. Entre elas, destacamos a competência de editar normas e critérios de licenciamento ambiental e de decidir, como última instância administrativa, sobre as penalidades aplicadas pelo Ibama.

A Resolução Conama n. 237, de 19 de dezembro de 1997 (Conama, 1997), chama a atenção para a exigência do estudo prévio de impacto ambiental para atividades danosas ao meio ambiente. Será então exigido um relatório detalhado e complexo desses impactos, o Relatório de Impacto Ambiental (Rima). De acordo com o art. 2º dessa resolução, diversas atividades modificadoras do meio ambiente dependeram da elaboração desse relatório de impacto, como obras de estrada; ferrovias; portos; aeroportos; oleodutos ou gasodutos; linhas de transmissão de energia elétrica; obras hidráulicas, obras de saneamento ou de irrigação; extração de combustível fóssil; aterros sanitários, entre outros.

Ainda de acordo com essa resolução, todos os custos relativos aos estudos de impactos ambientais e licenciamento ambiental ocorrerão por conta do empreendedor. Tais estudos necessários ao processo de licenciamento deverão ser realizados por profissionais legalmente habilitados os quais serão responsáveis pelas informações apresentadas, sujeitando-se às sanções administrativas, civis e penais.

Os estudos ambientais contemplam aspectos relacionados à localização, à instalação, à operação e à ampliação de uma atividade ou empreendimento. Eles podem se apresentar na forma de relatório ambiental, plano e projeto de controle ambiental, relatório ambiental preliminar, diagnóstico ambiental, plano de manejo, plano de recuperação de área degradada e análise preliminar de risco.

Vale acrescentar que o Conama, por meio do art. 8º dessa portaria, divide o sistema de licenciamento ambiental em três fases que, de acordo com Sampaio (2015), estão assim estruturados:

1. **Licença Prévia (LP)**: o primeiro tipo de licença a ser concedida pelo órgão regulatório, com o objetivo de avaliar a viabilidade ambiental do empreendimento.
2. **Licença de Instalação (LI)**: licença com o potencial de autorizar a instalação do empreendimento de acordo com as especificações constantes dos planos, programas e projetos aprovados previamente, incluindo as medidas de controle ambiental e demais condicionantes da proposta.
3. **Licença de Operação (LO)**: fase em que ocorre a autorização das atividades do empreendimento após a verificação da existência das licenças supracitadas.

Salientamos que tais licenças ambientais poderão ser expedidas pelo órgão regulatório de forma isolada ou em conjunto, conforme a natureza, as características e a fase do empreendimento ou da atividade (Sampaio, 2015). Ainda sobre o tema, sabemos que:

> As degradações ambientais ocorrem de diversas maneiras, devendo as empresas buscarem sempre a redução do seu impacto ambiental e otimizar o descarte de seus dejetos. Foi o que ocorreu no concurso de inovação tecnológica realizado pelo SENAC do estado de Santa Catarina, onde o vencedor recebeu o prêmio em primeira colocação por melhor inovação tecnológica, que foi justamente para aqueles que apresentaram uma ideia de melhoria e eficácia do reaproveitamento dos dejetos de determinada empresa e que pode ser aplicada a várias outras. (Borba, 2015, p. 43)

Para dar suporte financeiro ao Conama, foi criado o Fundo Nacional de Meio Ambiente (FNMA) pela Lei n 7.797, de 10 de julho de 1989 (Brasil, 1989b); no art. 1º dessa lei consta que o FNMA tem como principal objetivo o desenvolvimento de projetos que visem ao uso racional e sustentável de recursos naturais, incluindo a manutenção, a melhoria ou a recuperação da qualidade ambiental no sentido de elevar a qualidade de vida da população brasileira.

Os recursos financeiros referentes a esse fundo, segundo o art. 2º, serão provenientes de recursos da União ou de doações, contribuições de pessoas físicas e jurídicas.

Ainda com relação aos recursos desse fundo, o art. 3º estipula que deverão ser aplicados por meio de órgãos públicos dos níveis federal, estadual e municipal ou de entidades privadas cujos objetivos estejam em consonância com as diretrizes estabelecidas pelos órgãos regulatórios. Esses recursos deverão ser utilizados em projetos efetivados em áreas prioritárias de conservação da biodiversidade, como as UCs, e relacionados à pesquisa e ao desenvolvimento tecnológico nas áreas de educação e controle ambiental, além do uso sustentável e econômico da fauna e da flora.

Tais projetos serão periodicamente revistos de acordo com os princípios e as diretrizes impostas na Politica Nacional de Meio Ambiente e anualmente submetidos ao Congresso Nacional. Além disso, projetos que tenham sua área de atuação na Amazônia Legal terão prioridade de desenvolvimento (Sampaio, 2015).

De acordo com o art. 4º da lei supracitada, o FNMA deve ser administrado pela Secretaria de Planejamento e Coordenação da Presidência da República (Seplan/PR) e pelo Ibama, de acordo com as diretrizes estabelecidas por este, ou seja, a responsabilidade do fundo respeita a seguinte hierarquia: órgão de governo federal, como o Ministério do Meio Ambiente, e órgãos regulatórios, como o Conama e o Ibama.

A Lei n. 7.735, de 22 de fevereiro de 1989 (Brasil, 1989a), estingue órgãos e entidades autárquicas vinculadas ao Ministério do Meio Ambiente que tinha poder regulatório, como a Secretaria Especial do Meio Ambiente (Sema) e a Superintendência do Desenvolvimento da Pesca (Sudepe), criando o Ibama com esse fim. Além de dar providências, a fim de promover o uso de recursos, essa lei ambiental dispõe acerca da conservação desses recursos.

O Ibama é um órgão fundamental, pois regulamenta o processo de desenvolvimento sustentável, a conservação e a manutenção das reservas naturais da fauna e da flora e a preservação dos lugares históricos.

O art. 2º afirma que esse órgão tem autonomia administrativa e financeira sendo vinculado ao Ministério do Meio Ambiente com a finalidade de formular, coordenar, executar a Política Nacional do Meio Ambiente, zelando pela preservação, pela conservação e pelo uso racional. Cumpre ao órgão, ainda, a fiscalização, o controle e o fomento dos recursos naturais renováveis, tendo as obseguintes finalidades:

> I – Exercer o poder de polícia ambiental.
>
> II – Executar ações das políticas nacionais de meio ambiente, referentes às atribuições federais, relativas ao licenciamento ambiental, ao controle da qualidade ambiental, à autorização de uso dos recursos naturais e à fiscalização, ao monitoramento e ao controle ambiental, observadas as diretrizes emanadas do Ministério do Meio Ambiente.
>
> III – Executar as ações supletivas de competência da União, de conformidade com a legislação ambiental vigente. (Brasil, 1989a)

O art. 3º dispõe sobre a administração do órgão, que deve ser composta de um presidente e cinco diretores, todos nomeados em comissão, sendo o primeiro pelo presidente da República e os demais pelo Ministro de Estado do Interior.

Figura 3.1 – **Hierarquização dos órgãos que compõem o Sistema Nacional do Meio Ambiente**

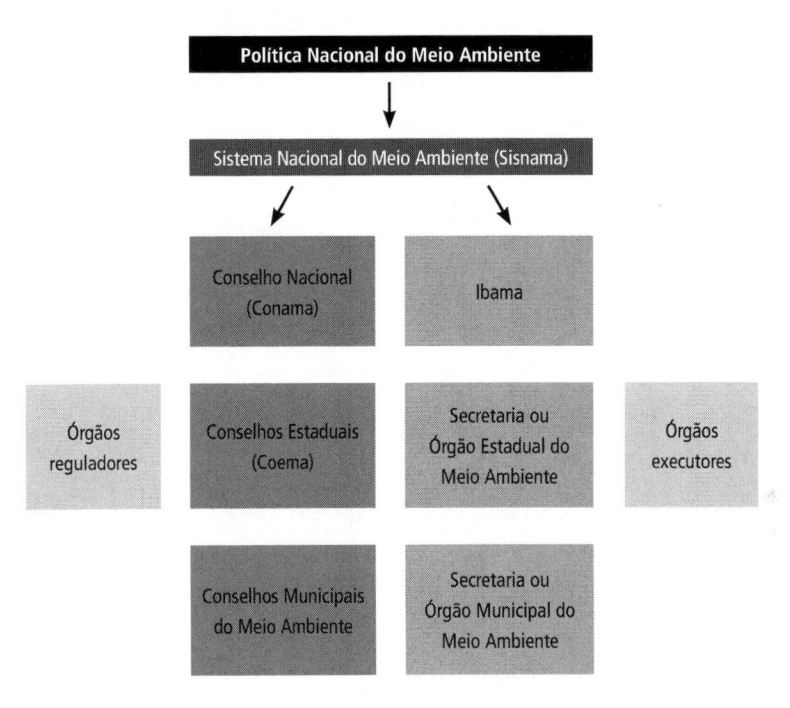

```
                    Política Nacional do Meio Ambiente
                                  ↓
                    Sistema Nacional do Meio Ambiente (Sisnama)
                         ↙                    ↘
              Conselho Nacional              Ibama
                 (Conama)

  Órgãos      Conselhos Estaduais    Secretaria ou         Órgãos
reguladores       (Coema)          Órgão Estadual do     executores
                                     Meio Ambiente

              Conselhos Municipais    Secretaria ou
                do Meio Ambiente    Órgão Municipal do
                                      Meio Ambiente
```

Foi instituída no ano de 1998 a Lei n. 9.605, a Lei de Crimes Ambientais, que define e dita as penalidades aplicáveis àqueles que cometerem crimes desse tipo.

Sobre os crimes ambientais, Sampaio (2015, p. 117) afirma:

> Os crimes ambientais podem ser punidos a título de dolo ou, quando previsto expressamente em lei, de culpa. O crime doloso configura-se quando o agente quer o resultado ou assume o risco de produzi-lo (artigo 18, I do Código Penal). O crime culposo ocorre nos casos em que o agente deu causa ao resultado, por ter faltado com o dever objetivo de cuidado (o que ocorre quando age de maneira negligente, imperita ou imprudente), quando lhe era possível prever que, agindo de tal modo, iria dar causa ao resultado que, efetivamente, ocasionou (artigo 18, II do Código Penal). Antes da edição da Lei nº 9.605/1998, basicamente só eram punidos os crimes ambientais dolosos. Atualmente, diversos crimes ambientais foram previstos a título de culpa, valendo citar os tipos penais previstos nos artigos 38, 40, 41, 49, 54, 56, 62, 67 e 68 da lei.

Essa lei, além de regulamentar a utilização dos recursos naturais e dos ecossistemas, define como crime ambiental a prática de atividades poluidoras sem o devido licenciamento e prevê punições para quem fizer tais práticas.

Esmiuçamos a seguir algumas situações de crimes passíveis de penalidade de acordo com essa lei:

A. Construir, reformar, ampliar, instalar ou fazer funcionar estabelecimentos, obras ou serviços potencialmente poluidores sem licença ou autorização dos órgãos ambientais competentes poderá acarretar uma penalidade de detenção de um a seis meses ou multa (como previsto no art. 2º da Lei n. 9.605/1998).

B. Todos os envolvidos direta ou indiretamente em algum tipo de crime ambiental, a exemplo de diretores, administradores, membros de conselhos e de órgãos técnicos, auditores, gerentes, o preposto ou mandatário de pessoa jurídica que, sabendo da conduta criminosa de outrem, deixar de impedir a sua prática poderá sofrer as penalidades supracitadas. Afinal, o parágrafo único dessa lei afirma que a responsabilidade das pessoas jurídicas não exclui a das pessoas físicas, autoras, coautoras ou partícipes do fato.

Cabe às autoridades competentes observar alguns pressupostos e critérios dispostos na lei antes de aplicar as devidas penalidades. Primeiramente, é necessário avaliar os motivos que levaram a pessoa física ou jurídica a cometer o ato, assim como a gravidade dos danos causados pelo crime ambiental tanto à saúde pública quanto ao ambiente. Outro ponto importante a ser avaliado é se o infrator tem ou não antecedentes quanto ao cumprimento da legislação de interesse ambiental e, ainda, no caso de aplicação de multa, qual a situação econômica do infrator.

Os artigos do 7º ao 14 apresentam as possíveis penas previstas na lei e aplicáveis aos causadores de crimes ambientais. As **penas restritivas de direitos** estão divididas em algumas categorias

- prestação de serviços à comunidade;
- interdição temporária de direitos;
- suspensão parcial ou total de atividades;
- prestação pecuniária;
- recolhimento domiciliar.

Tais penas são autônomas e podem substituir as **privativas de liberdade** quando: tratar-se de crime culposo ou for aplicada a pena privativa de liberdade inferior a quatro anos; e quando for comprovada a culpabilidade, os antecedentes, a má conduta social e a personalidade do condenado.

Caso ocorra a substituição das penas restritivas de direitos pelas de liberdade privativa, elas terão a mesma duração.

As penas de **interdição temporária de direito** consistem na proibição de o condenado contratar o poder público, de receber incentivos fiscais ou quaisquer outros benefícios, bem como de participar de licitações, tendo os seguintes prazos: cinco anos para crimes dolosos; três anos para crimes culposos. Já a **suspensão de atividades** cessa o funcionamento do empreendimento caso este não esteja obedecendo às prescrições legais. A **prestação pecuniária** consiste no pagamento em dinheiro à vítima ou à entidade pública ou privada com fim social de importância fixada pelo juiz, não inferior a um salário mínimo nem superior a 360 salários mínimos. O **recolhimento domiciliar** baseia-se na autodisciplina e no senso de responsabilidade do condenado, que deverá, sem vigilância, trabalhar, frequentar curso ou exercer atividade autorizada, permanecendo recolhido nos dias e horários de folga em residência ou em qualquer local destinado à sua moradia habitual, conforme estabelecido na sentença condenatória.

Existem algumas circunstâncias que podem atenuar as penas previstas na Lei 9.605/1998, segundo seu art. 14, quais sejam

I – Baixo grau de instrução ou escolaridade do agente.

II – Arrependimento do infrator, manifestado pela espontânea reparação do dano ou limitação significativa da degradação ambiental causada.

III – Comunicação prévia pelo agente do perigo iminente de degradação ambiental.

IV – Colaboração com os agentes encarregados da vigilância e do controle ambiental. (Brasil, 1998)

Já certos fatores ou circunstâncias podem agravar as penas previstas nessa lei, segundo o seu art. 15, são elas:

I – Reincidência nos crimes de natureza ambiental.

II – Se por meio da infração cometida o infrator:

a) Obtiver vantagem pecuniária. [...]

c) Provocar danos sérios à saúde pública ou ao meio ambiente e, consequentemente, à propriedade alheia. [...]

e) Atingir áreas de unidades de conservação ou áreas sujeitas, por ato do Poder Público, a regime especial de uso.

f) Atingir áreas urbanas ou quaisquer assentamentos humanos. [...]

m) Com o emprego de métodos cruéis para abate ou captura de animais.

n) Mediante fraude ou abuso de confiança.

o) Mediante abuso do direito de licença, permissão ou autorização ambiental.

p) No interesse de pessoa jurídica mantida, total ou parcialmente, por verbas públicas ou beneficiada por incentivos fiscais.

q) Atingir espécies ameaçadas, listadas em relatórios oficiais das autoridades competentes. (Brasil, 1998)

Com relação à cobrança de multas e sentenças condenatórias, a lei afirma que a multa será calculada segundo os critérios do Código Penal e, caso se revele ineficaz, ainda que aplicado o valor máximo, poderá ser aumentada até três vezes. Por meio de uma perícia do dano ambiental causado, será fixado o montante do prejuízo causado para efeitos de prestação de fiança e cálculo de multa.

No caso de sentença penal condenatória, sempre que possível será fixado o valor mínimo para reparação dos danos causados pela infração, considerando os prejuízos sofridos pelo ofendido ou pelo meio ambiente.

No caso de infrações cometidas por pessoas jurídicas, serão alocadas penas aplicáveis de forma isolada, cumulativa ou alternativamente de acordo com o disposto no art. 3º, sendo elas:

I – Multa.

II – Pena restritiva de direitos: suspensão parcial ou total de atividades, interdição temporária de estabelecimento, obra ou atividade, ou proibição de contratar com o Poder Público, bem como dele obter subsídios, subvenções ou doações.

III – Prestação de serviços à comunidade: custeio de programas e de projetos ambientais, execução de obras de recuperação de áreas degradadas, manutenção de espaços públicos ou contribuições a entidades ambientais ou culturais públicas.

(Brasil, 1998)

A fim de promover a proteção dos ecossistemas e da biota como um todo e de desenvolver um modo mais sustentável de exploração da natureza, utilizando para tanto os recursos naturais de forma consciente, foi elaborada a Lei n. 9.985, de 18 de julho de 2000, que dispõe sobre a criação e a manutenção de unidades de conservação da natureza e seus recursos naturais.

Com isso, o Sistema Nacional de Unidades de Conservação da Natureza (SNUC) foi criado, a fim de estabelecer critérios e normas para a criação, a implantação e a gestão das chamadas *unidades de conservação* (UCs). Essas unidades consistem no espaço territorial e seus recursos ambientais com características naturais relevantes, legalmente instituído pelo poder público com objetivos de conservação e limites definidos, ao qual se aplicam garantias adequadas de proteção (Sampaio, 2015).

Para a realização eficiente da conservação ambiental, faz-se necessário o uso humano consciente da natureza, compreendendo a preservação, a manutenção, a utilização sustentável, a restauração e a recuperação do ambiente natural para manter o potencial das áreas preservadas para as gerações:

> Os impactos também podem ser sentidos na perda da biodiversidade, expressão máxima da intrínseca relação entre fauna e flora. Muito além do patrimônio paisagístico, a imprescindibilidade da preservação da flora, por exemplo, faz-se sentir nas funções ecológicas auxiliares indispensáveis à sadia qualidade de vida: manutenção da qualidade da água, regulação climática, controle de erosão, entre outros. (Sampaio, 2015, p. 120)

As UCs podem ser: de **uso sustentável direto ou indireto**, explorando o ambiente de maneira a garantir a perenidade dos recursos ambientais renováveis e dos processos ecológicos, mantendo a biodiversidade e os demais atributos ecológicos, de forma socialmente justa e economicamente viável; ou de **proteção integral**, que visa à manutenção dos ecossistemas livres de alterações causadas por interferência humana, admitindo apenas o uso indireto dos seus atributos naturais, aquele que não envolve consumo, coleta, dano ou destruição dos recursos naturais.

Segundo Sampaio (2015), outros conceitos também são importantes para o entendimento das UCs previstas em lei, quais sejam:

- **Preservação**: conjunto de métodos, procedimentos e políticas que visem à proteção a longo prazo de espécies, hábitats e ecossistemas, além da manutenção dos processos ecológicos, prevenindo a simplificação dos sistemas naturais.

- **Conservação *in situ***: conservação de ecossistemas e hábitats naturais, manutenção e recuperação de populações viáveis de espécies em seus meios naturais e, no caso de espécies domesticadas ou cultivadas, nos meios onde tenham desenvolvido suas propriedades características.
- **Extrativismo**: sistema de exploração com base na coleta e na extração, de modo sustentável, de recursos naturais renováveis.
- **Recuperação**: restituição de um ecossistema ou de uma população silvestre degradada a uma condição não degradada, que pode ser diferente de sua condição original.
- **Restauração**: restituição de um ecossistema ou de uma população silvestre degradada o mais próximo possível da sua condição original.
- **Zoneamento**: definição de setores ou zonas em uma UC com objetivos de manejo e normas específicas, com o propósito de proporcionar os meios e as condições para que todos os objetivos da unidade sejam alcançados de forma harmônica e eficaz.
- **Plano de manejo**: documento técnico mediante o qual, com fundamento nos objetivos gerais de uma UC, estabelece-se seu zoneamento e as normas que devem presidir o uso da área e o manejo dos recursos naturais, inclusive a implantação das estruturas físicas necessárias à gestão da unidade.

Ainda de acordo com o art. 3º dessa lei, o SNUC é constituído pelo conjunto das UCs federais, estaduais e municipais, tendo os seguintes objetivos:

I – contribuir para a manutenção da diversidade biológica e dos recursos genéticos no território nacional e nas águas jurisdicionais;

II – proteger as espécies ameaçadas de extinção no âmbito regional e nacional;

III – contribuir para a preservação e a restauração da diversidade de ecossistemas naturais;

IV – promover o desenvolvimento sustentável a partir dos recursos naturais;

V – promover a utilização dos princípios e práticas de conservação da natureza no processo de desenvolvimento;

VI – proteger paisagens naturais e pouco alteradas de notável beleza cênica;

VII – proteger as características relevantes de natureza geológica, geomorfológica, espeleológica, arqueológica, paleontológica e cultural;

VIII – proteger e recuperar recursos hídricos e edáficos;

IX – recuperar ou restaurar ecossistemas degradados;

X – proporcionar meios e incentivos para atividades de pesquisa científica, estudos e monitoramento ambiental;

XI – valorizar econômica e socialmente a diversidade biológica;

XII – favorecer condições e promover a educação e interpretação ambiental, a recreação em contato com a natureza e o turismo ecológico;

XIII – proteger os recursos naturais necessários à subsistência de populações tradicionais, respeitando e valorizando seu conhecimento e sua cultura e promovendo-as social e economicamente. (Brasil, 2000)

Além disso, a lei tem o intuito de assegurar que as UCs encerrem amostras significativas e ecologicamente viáveis das diferentes populações, dos hábitats e dos ecossistemas do território nacional e das águas jurisdicionais, conservando o patrimônio biológico existente.

Um ponto de grande relevo na estruturação das UCs é a inclusão da sociedade no estabelecimento e na revisão da Política Nacional de Unidades de Conservação. É igualmente importante a participação efetiva das populações locais, junto das organizações privadas e não governamentais, na criação, na implantação e na gestão dessas unidades. Todos esses atores sociais podem auxiliar no desenvolvimento de pesquisas científicas, nas práticas de educação ambiental, nas atividades de lazer e de turismo ecológico, de monitoramento, de manutenção e em outras atividades de gestão das UCs.

Como incluído na lei, essas unidades devem seguir diretrizes que:

I – assegurem que no conjunto das unidades de conservação estejam representadas amostras significativas e ecologicamente viáveis das diferentes populações, habitats e ecossistemas do território nacional e das águas jurisdicionais, salvaguardando o patrimônio biológico existente;

II – assegurem os mecanismos e procedimentos necessários ao envolvimento da sociedade no estabelecimento e na revisão da política nacional de unidades de conservação;

III – assegurem a participação efetiva das populações locais na criação, implantação e gestão das unidades de conservação;

IV – busquem o apoio e a cooperação de organizações não governamentais, de organizações privadas e pessoas físicas para o desenvolvimento de estudos, pesquisas científicas, práticas de educação ambiental, atividades de lazer e de turismo ecológico, monitoramento, manutenção e outras atividades de gestão das unidades de conservação;

V – incentivem as populações locais e as organizações privadas a estabelecerem e administrarem unidades de conservação dentro do sistema nacional;

VI – assegurem, nos casos possíveis, a sustentabilidade econômica das unidades de conservação;

VII – permitam o uso das unidades de conservação para a conservação in situ de populações das variantes genéticas selvagens dos animais e plantas domesticados e recursos genéticos silvestres;

VIII – assegurem que o processo de criação e a gestão das unidades de conservação sejam feitos de forma integrada com as políticas de administração das terras e águas circundantes, considerando as condições e necessidades sociais e econômicas locais;

IX – considerem as condições e necessidades das populações locais no desenvolvimento e adaptação de métodos e técnicas de uso sustentável dos recursos naturais;

X – garantam às populações tradicionais cuja subsistência dependa da utilização de recursos naturais existentes no interior das unidades de conservação meios de subsistência alternativos ou a justa indenização pelos recursos perdidos;

XI – garantam uma alocação adequada dos recursos financeiros necessários para que, uma vez criadas, as unidades de conservação possam ser geridas de forma eficaz e atender aos seus objetivos;

XII – busquem conferir às unidades de conservação, nos casos possíveis e respeitadas as conveniências da administração, autonomia administrativa e financeira; e

XIII – busquem proteger grandes áreas por meio de um conjunto integrado de unidades de conservação de diferentes categorias, próximas ou contíguas, e suas respectivas zonas de amortecimento e corredores ecológicos, integrando as diferentes atividades de preservação da natureza, uso sustentável dos recursos naturais e restauração e recuperação dos ecossistemas. (Brasil, 2000)

Os espaços territoriais especialmente protegidos ou as chamadas *unidades de conservação* são divididos em dois grupos: (1) áreas protegidas pelo SNUC (Unidades de Proteção Integral e Unidades de Uso Sustentável) e (2) áreas protegidas pelo Código Florestal:

Listamos a seguir algumas das áreas de proteção ambiental existentes no território brasileiro:

- **Estação Ecológica**: área voltada para a conservação e a preservação da natureza, além da realização de pesquisas científicas.

- **Reserva Biológica:** área que serve ao intuito de preservar integralmente a biota e os demais recursos naturais.
- **Parque Nacional:** preserva os ecossistemas naturais de grande relevância ecológica e beleza cênica, abrigando a realização de pesquisas científicas, atividades de educação e de recreação em contato com a natureza e de turismo ecológico.
- **Monumento Natural:** preserva sítios naturais raros, singulares ou de grande beleza cênica.
- **Refúgio de Vida Silvestre:** protege ambientes naturais e assegura condições para a existência ou reprodução de espécies ou comunidades da flora local e da fauna residente.
- **Área de Proteção Ambiental:** protege a diversidade biológica, disciplina o processo de ocupação e assegura a sustentabilidade do uso dos recursos naturais.
- **Área de Relevante Interesse Ecológico:** mantém os ecossistemas naturais de importância regional ou local e regula o uso admissível dessas áreas, de modo a compatibilizá-lo com os objetivos de conservação da natureza.
- **Floresta Nacional:** objetiva o uso múltiplo sustentável dos recursos florestais e a pesquisa científica com ênfase em métodos para exploração sustentável de florestas nativas.
- **Reserva Extrativista:** protege os meios de vida e a cultura dessas populações, assegurando o uso sustentável dos recursos naturais da unidade.
- **Reserva de Desenvolvimento Sustentável:** a principal finalidade dessa unidade de conservação é preservar a natureza, assegurando as condições e os meios necessários para a reprodução

e a melhoria dos modos e da qualidade de vida, além de proporcionar a exploração dos recursos naturais das populações tradicionais.

- **Reserva Particular do Patrimônio Natural**: é uma área privada gravada com perpetuidade, com o objetivo de conservar a diversidade biológica.

Além das áreas de proteção citadas, a lei do SNUC incorporou a chamada **Reserva da Biosfera**, que consiste em:

> Um modelo, adotado internacionalmente, de gestão integrada, participativa e sustentável dos recursos naturais, objetivando preservar a diversidade biológica, o desenvolvimento de atividades de pesquisa, o monitoramento ambiental, a educação ambiental, o desenvolvimento sustentável e a melhoria da qualidade de vida das populações. (Sampaio, 2015, p. 133)

Acrescentamos que o parágrafo único do art. 36 da Lei n. 9.985/2000 dispõe sobre os valores a serem destinados para investimentos em UCs, vinculando-o ao percentual gasto com o empreendimento: "Assim, estipulou um mínimo de 0,5% (meio por cento) que, posteriormente, foi derrubado por decisão do Supremo Tribunal Federal na ação direta de inconstitucionalidade 3.378-6/DF, publicada no dia 20/06/2008, cujo relator foi o Ministro Carlos Britto" (Sampaio, 2015, p. 137).

Com o acelerado crescimento industrial dos últimos anos, a legislação precisa definir bem as questões que envolvem medidas de controle e prevenção da poluição causada pelas indústrias no território brasileiro. Para tanto, o Decreto-Lei n. 76.389, de 3 de outubro de 1975 (Brasil, 1975b), dispõe sobre essas medidas.

O decreto inicia-se com a definição de poluição ambiental:

> Art. 1º Para as finalidades do presente Decreto, considera-se poluição industrial qualquer alteração das propriedades físicas, químicas ou biológicas do meio ambiente, causadas por qualquer forma de energia ou de substância, sólida, líquida ou gasosa, ou combinação de elementos despejados pelas indústrias, em níveis capazes, direta ou indiretamente, de:
>
> I – prejudicar a saúde, a segurança e o bem-estar da população;
>
> II – criar condições adversas às atividades sociais e econômicas;
>
> III – ocasionar danos relevantes à flora, à fauna e a outros recursos naturais. (Brasil, 1975b)

Tais efeitos danosos da poluição industrial ao meio ambiente poderão ser evitados ou reduzidos por intermédio de normas estabelecidas pela Secretaria Especial do Meio Ambiente (Sema), órgão do Ministério do Interior. A essas normas somam-se as normas próprias estabelecidas pelos estados ou municípios nos quais a indústria está inserida.

O não cumprimento das medidas necessárias à prevenção ou à correção dos inconvenientes e prejuízos da poluição do meio ambiente por parte das indústrias sujeitará os transgressores a alguns prejuízos, como disposto no art. 5º desse decreto:

> A. restrição de incentivos e benefícios fiscais concedidos pelo Poder Público;
>
> B. restrição de linhas de financiamento em estabelecimento de crédito oficiais;
>
> C. suspensão de suas atividades, a qual será apreciada e decidida no âmbito da Presidência da República, por proposta do Ministério do Interior ao ouvir o Ministério da Indústria e do Comércio. (Brasil, 1975)

Caso se constate que as indústrias desenvolveram atividades poluidoras com grave e eminente risco à saúde humana, os governadores podem adotar medidas emergenciais com o propósito de reduzir as atividades poluidoras das indústrias, como está previsto no art. 7º desse decreto.

3.4 Avaliação do processo atual de consumo e perspectivas para o futuro do desenvolvimento sustentável

O meio ambiente foi atingido pelo avanço da civilização moderna no cerne do desenvolvimento tecnológico de diversas maneiras, tais como: aumento do aquecimento global, poluição de rios e mares e destruição de florestas, tudo isso em nome do lucro e do progresso (Rech; Marin; Augustin, 2015). Por isso, é necessário perceber que os riscos ambientais ou ecológicos também se configuram como riscos sociais e culturais, uma vez que modificam o ambiente de formas, às vezes, irreversíveis, tornando alguns recursos indisponíveis a gerações futuras.

Com a difusão do neoliberalismo e o aumento da influência política das grandes empresas, ocorre a concentração de poder político, a redução do efeito positivo do papel do Estado nas políticas ambientais, a deterioração social e a desigualdade.

Na visão de alguns autores, a contemporaneidade está atrelada a um aumento da exploração de recursos naturais e pouco avanço na área de legislação ambiental (Weiss, 2019). Apesar de pesquisas em todo o mundo indicarem que o atual modelo de crescimento econômico precisa ser revisto, ele ainda é defendido a todo custo por muitas nações.

Segundo Weiss (2019), é bem provável que apenas desastres ambientais de enormes proporções façam a humanidade perceber as consequências de um antropoceno severo e que traga de volta o seu reconhecimento acerca dos ecossistemas a tempo para salvar o planeta.

Portanto, é importante que a sociedade e o sistema produtivo promovam de ora em diante a proteção universal dos recursos naturais, implementando políticas públicas capazes de melhorar a prestação de serviços ambientais ao mesmo tempo que minimizem os riscos de um consumo exagerado.

É necessária também uma maior atuação do setor público na fiscalização para que controles e incentivos sejam eficazes na redução das emissões provenientes do desmatamento e da degradação florestal, além da conservação dos estoques de carbono florestal. Isso inclui normas e incentivos que reduzam a degradação ambiental pela utilização de fontes não renováveis de energia e outros comportamentos que deterioram as condições de vida ecológica e humana (Weiss, 2019).

Por conta disso, concluímos que a abordagem entre direitos e deveres é fundamental para tratar da natureza dos direitos fundamentais. Sendo assim, para que o objetivo da norma jurídica ambiental seja alcançado, ou seja, para que se concretize a efetiva proteção ambiental, é de suma importância que os princípios basilares do direito ambiental sejam respeitados, integralizados e harmonizados ao sistema jurídico vigente. Nesse sentido, será possível vislumbrar que o direito humano ao meio ambiente ecologicamente equilibrado será implementado e garantido para as presentes e futuras gerações.

Além disso, é necessária uma legislação mais rigorosa. Espera-se que os movimentos sociais tenham condições de buscar o "bem--viver" orientado na justiça socioambiental e na sustentabilidade. Sem dúvida, essas medidas combinadas podem ser ainda mais eficazes quando coordenadas com iniciativas apropriadas das empresas e da sociedade civil, bem como amparadas pela educação para mudar comportamentos (Weiss, 2019).

NABODIN/Shutterstock

CAPÍTULO 4

PRINCÍPIOS DA SUSTENTABILIDADE APLICADOS AO DESIGN

Ao longo deste capítulo, comentaremos o que fez a sociedade passar a debater mais intensamente sobre os fatores que interferem no meio ambiente e quais foram as principais ações desenvolvidas desde então. Ademais, explicaremos como a sustentabilidade foi incorporada ao design e de que forma isso se tornou uma importante ferramenta de preservação dos recursos no meio industrial. Contemplaremos nessa abordagem os conceitos, os processos, as vantagens, as limitações e muito mais.

4.1 Sustentabilidade: breve histórico

Os primeiros conceitos de sustentabilidade surgiram quando a sociedade compreendeu que suas atividades estavam tomando proporções capazes de impactar negativamente o equilíbrio ambiental. Percebeu-se que o desenvolvimento demandava a crescente exploração da natureza e que isso estava causando danos irreversíveis, gerando escassez de recursos.

Um dos primeiros relatos oficialmente documentados acerca da necessidade do uso sustentável dos recursos remonta ao ano de 1713. Nesse momento da história, o desflorestamento dos territórios europeus, para usar a madeira como lenha na produção industrial e na construção de navios para transporte e fins militares, causou a falta dos recursos, fazendo as potências coloniais pensarem em formas de administrar a escassez.

Foi então que Hans Carl von Carlowitz, um administrador de mineração da corte de Kursachsen, em Freiberg, Alemanha, publicou a obra *Sylvicultura Oeconomica*. Nesse escrito, afirmou que as florestas deveriam ser utilizadas respeitando-se suas características naturais básicas para o bem-estar da população, devendo ser manuseadas e conservadas com cuidado e responsabilidade, de modo a possibilitar um bom legado para as gerações futuras. Em um fragmento do texto, o autor utilizou a expressão *nachhaltendeswirtschaften*, que significa "administração sustentável" ou *sustainableyield*, que quer dizer "produção sustentável", por meio da tradução inglesa (Boff, 2014; Pott; Estrela, 2017).

A ideia de sustentabilidade ganhou uma associação política com base na adjetivação do termo *desenvolvimento*, após o fim da Segunda Guerra Mundial. Dois fatores foram determinantes: (1) o surgimento da sensação de medo na população, causada em razão da poluição por mercúrio na baía na cidade de Nagata, Japão, consequência da explosão das bombas atômicas e que resultou em inúmeras mortes e casos de doenças pouco conhecidas; e (2) o fenômeno verificado nos Estados Unidos, quando não nasceram flores em diversas cidades por causa do uso de inseticidas e pesticidas. A esse fenômeno deu-se o nome de "primavera silenciosa", título do famoso livro de Rachel Carson, no qual relatou os fatos ocorridos naquela fase americana (Boff, 2014; Pott; Estrela, 2017).

No início dos anos 1950, a questão ambiental despertou a atenção da sociedade e passou a ser tratada com mais seriedade e preocupação. As explosões das bombas atômicas desencadearam diversos problemas ambientais em diversas localidades, como acabamos de citar, incluindo áreas distintas daquelas onde ocorreram os ataques. Conforme Machado (2005), "a ocorrência de chuvas radiativas a milhares de quilômetros dos locais de realização dos testes acendeu um caloroso debate no seio da comunidade científica".

Outro fator que influenciou no desenvolvimento do conceito de sustentabilidade e na sua introdução nas discussões políticas foi o aumento do consumismo. Esse comportamento surgiu nos Estados Unidos entre a Primeira e a Segunda Guerra Mundial, mas ganhou força após esta última. O *american way of life*, ou modelo americano de vida, incentivou as práticas de consumo e adoção de um padrão de estilo de vida aos moldes das ideologias americanas à época.

No entanto, segundo estimativas da World Wide Found for Nature (WWF, 2013) e analisando as crises econômico-financeiras, sociais e ambientais, foi comprovado que esse padrão mundial tem o potencial de levar a Terra ao colapso. Mesmo tendo se tornado uma forma expressiva e bastante utilizada pelas sociedades influenciadas pelo modelo americano de vida, as tendências de crescimento ilimitado e sem restrições perderam espaço para os valores fundamentados em uma vida sob uma perspectiva cada vez mais sustentável.

Em meados das décadas de 1960 e 1970, importantes questões foram levantadas acerca de danos ambientais causados pela cultura de consumo vivenciada no momento. Tudo isso aconteceu em uma fase em que algumas mudanças socioculturais estavam acontecendo de maneira bastante intensa, e esses fatores acarretaram uma comoção social que culminou em eventos que despertaram a atenção da mídia e dos governos. O movimento ambientalista, por exemplo, foi o maior beneficiário desses acontecimentos, ganhando grande visibilidade. Nesse contexto, a Organização das Nações Unidas (ONU) passou a fomentar o debate, organizando, em 1972, a Primeira Conferência Mundial sobre o Homem e o Meio Ambiente das Nações Unidas, em Estocolmo, na Suécia.

Em conformidade com as recomendações da Conferência de Estocolmo, aconteceram diversos outros eventos com o propósito de debater os temas que envolviam a atividade humana e seus impactos no meio ambiente. A Organização das Nações Unidas para a Educação, a Ciência e a Cultura (Unesco), em 1975, realizou a Conferência de Belgrado na Iugoslávia, que originou a *Carta de Belgrado*, a qual propunha reformas dos processos educativos a fim de elaborar uma nova metodologia de desenvolvimento e da ordem econômica mundial, com vistas a uma mudança de percepção da população mundial. Outro objetivo era induzir à conscientização e à preocupação com o meio ambiente, incentivando o compromisso com o trabalho individual e coletivo na busca de medidas preventivas e soluções para os problemas ambientais.

Em 1977, a Unesco, em colaboração com o Programa das Nações Unidas para o Meio Ambiente (Pnuma), realizou em Tbilisi, cidade da antiga União Soviética, a Conferência Intergovernamental sobre Educação Ambiental. Foram elaborados princípios, estratégias e ações orientadoras para educação ambiental no mundo. A educação ambiental devia ter um enfoque interdisciplinar e estar presente como um processo contínuo em todas as fases do ensino formal e não formal (Boff, 2014; Pott; Estrela, 2017).

Em 1987, a Comissão Mundial sobre o Meio Ambiente e o Desenvolvimento publicou o relatório *Nosso Futuro Comum*, conhecido como *Relatório Brundtland*, determinando a necessidade de uma conferência global que estabelecesse uma nova forma de relação com o meio ambiente. Nesse relatório foi utilizada pela primeira vez a expressão *desenvolvimento sustentável*; a partir desse momento, esse conceito foi assumido pelos governos e pelos organismos multilaterais. No Relatório Brundtland foi escrita a definição: "desenvolvimento sustentável é aquele que atende às necessidades do presente sem comprometer a capacidade das gerações futuras de atenderem as suas próprias necessidades" (CMMAD, 1988, p. 46).

O desenvolvimento sustentável visa promover o equilíbrio entre a exploração de recursos e as limitações do meio ambiente, de forma a garantir a manutenção de recursos disponíveis na natureza, visando seu uso consciente também pelas gerações futuras.

Em conformidade com o Relatório Brundtland, a Constituição Federal (CF) foi alterada, passando a estabelecer o uso controlado e responsável dos recursos no âmbito nacional, para contribuir com a preservação do meio ambiente: "Todos têm direito ao meio ambiente ecologicamente equilibrado, bem de uso comum do povo e essencial à sadia qualidade de vida, impondo-se ao Poder Público e à coletividade o dever de defendê-lo e preservá-lo para as presentes e futuras gerações" (Brasil, 1988).

A CF instituiu, em seu art. 170, da mesma forma, a proteção do meio ambiente como princípio de ordem econômica (Pott; Estrela, 2017).

Várias conferências globais no âmbito da Organização das Nações Unidas (ONU) aconteceram na década de 1990 e tiveram como tema central a noção de sustentabilidade, pauta indispensável nas discussões sobre o futuro do planeta. Assim, imediatamente após a realização do que ficou conhecido como *Consenso de Washington*, em novembro de 1989, na capital norte-americana, ocorreu a escolha do Brasil como sede da Conferência Eco-92. Essa foi uma decisão estratégica, considerando o fato de o país abrigar a maior parte da Amazônia, vasta floresta equatorial com imensa diversidade de espécies animais e vegetais.

Assim, vinte anos após a primeira conferência sobre o meio ambiente, aconteceu a Eco-92, também conhecida como "Rio-92" ou "Cúpula da Terra". O propósito era definir as medidas a serem adotadas para diminuir a degradação ambiental e garantir a existência de outras gerações. A intenção, nesse encontro, era introduzir a ideia do desenvolvimento sustentável em um modelo de crescimento econômico menos consumista e mais adequado ao equilíbrio ecológico.

A *Declaração do Rio* seguiu a mesma linha das decisões da reunião de Estocolmo, relacionando meio ambiente e desenvolvimento por meio da boa gestão dos recursos naturais, sem comprometimento do modelo econômico vigente. A diferença entre as conferências de 1972 e 1992 foi a presença maciça de chefes de Estado na segunda, fator indicativo da importância atribuída à questão ambiental no início da década de 1990.

IMPORTANTE!

No início da década de 1990, surgiram as regulamentações ambientais, as políticas de gestão ambiental, as certificações e normatizações ISO (International Organization for Standardization, ou Organização Internacional de Normalização) e outras. Além disso, foi cunhado um conceito de *ecodesign*, que é o design sustentável, que busca a redefinição de toda a cadeia produtiva. Assim, a sustentabilidade está intimamente ligada à economia, à preservação e à justiça social.

Em 1997, aconteceu no Japão a Cúpula do Clima e Aquecimento Global, o encontro mais importante para debater o Eco-92. Dessa conferência derivou o *Protocolo de Quioto*, que estabeleceu a redução dos patamares de emissão de gases poluentes na atmosfera (Pott; Estrela, 2017).

A partir dos anos 2000, os desafios sociais, econômicos e ecológicos da busca pela sustentabilidade foram sintetizados em uma série de metas. Em 2002, a ONU promoveu, em Joanesburgo, a Cúpula Mundial sobre o Desenvolvimento Sustentável, também conhecida como Rio+10. As discussões englobaram a preservação do meio ambiente, além de aspectos sociais. A Rio+10 não apresentou uma inovação expressiva em relação à conferência anterior, limitando-se a reiterar a importância de atitudes dos países que visassem a melhoria da distribuição de água e saneamento para as populações carentes. Foi estabelecido um plano de ação com prazos de 8 a 18 anos para temas como redução da perda de biodiversidade (Pott; Estrela, 2017).

Já em 2012, foi realizada no Rio de Janeiro a Rio+20. Esse evento não produziu avanços significativos em relação à Eco-92, exceto o de manter o desenvolvimento sustentável como um desafio na agenda de preocupações da sociedade (Pott; Estrela, 2017; Cardoso; Santos Júnior, 2019).

Em 2015, a ONU apresentou o relatório *O caminho para a dignidade até 2030: acabando com a pobreza, transformando todas as vidas e protegendo o planeta* que guia os objetivos de desenvolvimento sustentável. Nesse documento, há objetivos e metas que pautam as decisões da ONU no futuro, dando destaque ao desenvolvimento sustentável. Espera-se que esses novos objetivos promovam um maior compromisso da comunidade internacional e de toda a população para com as questões ambientais (Pott; Estrela, 2017; Cardoso; Santos Júnior, 2019).

O conceito político, social e econômico de sustentabilidade vem sendo construído desde os anos 1970, e afirmou-se progressivamente à medida que evoluía o entendimento sobre as mudanças climáticas. Segundo Cardoso e Santos Júnior (2019), atualmente os objetivos de sustentabilidade apresentam-se simultaneamente como metas e como indicadores. Na qualidade de instrumentos de avaliação, os indicadores remetem necessariamente a um ideal (no caso, a sustentabilidade). Na prática, porém, as políticas públicas são difíceis de serem adequadas à realidade sustentável, pois muitos fatores precisam ser alterados, o que gera grande resistência por parte dos grupos responsáveis. Isso porque demanda um enorme investimento de tempo e dinheiro, fatores que, sob o olhar das grandes indústrias, caracterizam-se como um grande obstáculo de perdas econômicas indesejadas.

Desde o surgimento dos debates sobre sustentabilidade até os dias atuais, houve muita evolução, tanto das ideias e dos planejamentos estratégicos quanto da aceitação e da aplicação de novos comportamentos mais sustentáveis por parte da sociedade. Muito se evoluiu nesse âmbito, mas há muito a se fazer ainda. A formulação de novos sistemas, processos e tecnologias que garantam a preservação dos recursos naturais e assegurem o cumprimento da demanda do mercado deve ser uma tarefa contínua.

4.2 Design sustentável

O cenário de preocupações com os impactos causados ao meio ambiente ensejou a demanda por novos métodos e ferramentas, os quais fossem planejados estrategicamente para aliar as especificidades da produção industrial ao dever relativo à preservação e ao cuidado com os recursos naturais. O design sustentável é uma ferramenta criada com o fito de unir todas essas necessidades.

Trataremos brevemente sobre os conceitos gerais que norteiam o design, e em seguida, adentraremos nos conceitos e nas propriedades que caracterizam o design sustentável.

De acordo com Bernd Löbach (2001, p. 14), "design é um processo de resolução de problemas atendendo às relações do homem com seu ambiente técnico". O autor complementa:

> Design é uma ideia, um projeto ou um plano para a solução de um problema determinado. O design consistiria, então, na corporificação desta ideia para, com a ajuda dos meios correspondentes, permitir a sua transmissão aos outros. Já que nossa linguagem não é suficiente para tal, a confecção de croqui, projetos, amostras, modelos constitui o meio de tornar visualmente perceptível a solução de um problema. Assim, o conceito de design compreende a concretização de uma ideia em forma de projetos ou modelos, mediante a construção e configuração resultando em um produto industrial passível de produção em série. (Löbach, 2001, p. 16)

De acordo com esse conceito, design é um instrumento metodológico de desenvolvimento e criação de soluções personalizadas para a resolução de determinado problema, sendo intensamente utilizado no meio industrial para o planejamento dos produtos e dos sistemas que envolvem o processo produtivo.

Ao longo do desenvolvimento industrial, o design passou a ter cada vez mais importância. Após as Revoluções Industriais e o fim da Segunda Guerra Mundial, houve um aumento da escala de produção, o que incrementou o volume de mercadorias em circulação.

Com a industrialização, observamos o desenvolvimento econômico nos moldes do liberalismo com o conseguente aumento das necessidades de consumo. O ato de consumo em si não representa um problema; na verdade, o consumo é necessário à vida e à sobrevivência de toda e qualquer espécie. A questão que requer atenção diz respeito à quando o consumo de bens e serviços acontece de forma exagerada, levando à exploração excessiva dos recursos naturais e causando desequilíbrio no planeta.

O aumento da escala produtiva é um importante fator de estímulo da exploração dos recursos naturais e da crescente geração de resíduos, o qual prejudica, também, o equilíbrio do clima, da vegetação e da produção de alimentos (Silva Júnior; Lima, 2015). Outra dificuldade é a elevada produção de lixo. A maior parte dos resíduos no Brasil é composta de materiais de todo tipo, como plástico, vidro, alumínio, papel, tecidos (como roupas velhas), borracha etc. O descarte incorreto desses materiais provoca um grande impacto socioambiental (Bernhart, 2015).

Os padrões da sociedade e da economia são estabelecidos por meio do desenvolvimento da capacidade industrial, e o design contemporâneo se apresenta cada vez mais comprometido com conceitos de desenvolvimento sustentável, inovação e bem-estar social, principalmente diante as demandas da sociedade e do mercado (Cavalcante et al., 2012).

A análise e o design do ciclo de vida do sistema-produto são passos primordiais em qualquer desenvolvimento de projeto de um produto ou serviço. Há uma crescente necessidade do estabelecimento de um design industrial consciente que apresente projetos concretos para a solução de problemas sociais e ambientais, sem deixar de considerar os requisitos técnicos, ergonômicos, econômicos, estéticos e simbólicos durante o processo de desenvolvimento do produto. A adequada intervenção do design pode alcançar uma relação equilibrada entre produto, ambiente e sociedade (Pazmino, 2007; Cavalcante et al., 2012).

Nesse sentido, o design sustentável consiste em um processo abrangente e complexo, que contempla um produto economicamente viável, ecologicamente correto e socialmente equitativo. Ele deve satisfazer às necessidades básicas da sociedade por meio de projetos e soluções sustentáveis, prevendo a redução de impactos ambientais ao longo de todo o ciclo de vida do produto. As ações devem ser para prevenção da poluição, ou seja, a preocupação voltou-se para o controle de danos já na origem do processo.

O design sustentável busca, dessa forma, maximizar os objetivos ambientais, econômicos e aumentar o bem-estar social. Propõe um valor de responsabilidade de não prejudicar o equilíbrio ambiental atual, garantindo-o às gerações futuras. Pode incluir uma visão mais ampla de atendimento a comunidades menos favorecidas (Pazmino, 2007; Cavalcante et al., 2012).

De maneira mais específica, o design sustentável está intimamente relacionado aos conceitos de design social e ecodesign (design ecológico). Discutiremos a seguir um pouco mais sobre essas noções.

Design social

O design social corresponde ao desenvolvimento de produtos que atendam às necessidades reais e específicas de cidadãos menos favorecidos, social, cultural e economicamente.

É direcionado para a produção solidária, com base em uma responsabilidade moral do design, apresentando soluções que resultem em melhoria da qualidade de vida, renda e inclusão social.

O design social deve ser socialmente benéfico e economicamente viável, sendo fundamental priorizar requisitos sociais em todos os níveis do processo de desenvolvimento e produção, visando obter produtos que causem uma melhoria na qualidade de vida dos grupos sociais mais carentes (Pazmino, 2007; Cavalcante et al., 2012).

Ao fazermos uma comparação entre o design formal e o social, observamos que o primeiro tem como objetivos a inovação e a estética, já o segundo tem maior exigência social.

No quadro a seguir estão especificadas algumas diferenças entre essas duas vertentes do design.

Quadro 4.1 – **Diferenças entre design social e design formal**

Design social	Design formal
Pequena escala de produção	Grande escala de produção
Mercado: Local	Mercado: Local e Global
Tecnologia adequada	Alta tecnologia
Orientado à população baixa renda, excluídos, idosos, deficientes	Orientado ao mercado
Maximiza a função prática	Maximiza a função simbólica
Baixo Custo	Custo médio e alto
Inclusão social	Satisfazer necessidades emocionais

Fonte: Pazmino, 2007, p. 4.

Ecodesign (design ecológico)

O design ecológico, ou ecodesign, concebe o design em uma perspectiva ecológica. O ecodesign consiste basicamente na preocupação com a criação de um produto levando em consideração seu impacto no meio ambiente. É um conjunto de práticas de projeto usadas na criação de produtos e processos ecoeficientes, tendo como meta um desempenho que respeita o meio ambiente, a saúde e a segurança em todo o ciclo de vida do produto e do processo.

Kazazian (2005) afirma que o ecodesign se centra na concepção ecológica, também denominada *ecoconcepção*. Esta pode levar a três diferentes níveis de intervenção do ecodesign na concepção de um produto, conforme esquematizado na Figura 4.1.

Figura 4.1 – **Os três níveis de intervenção do ecodesign na concepção do produto**

1- Otimização de redução de impacto ambiental.

2- Esforços de desenvolvimento mais intensos, como modificar o produto.

3- Esforços de intervenção "radical", como a substituição de produtos ou serviços diferentes.

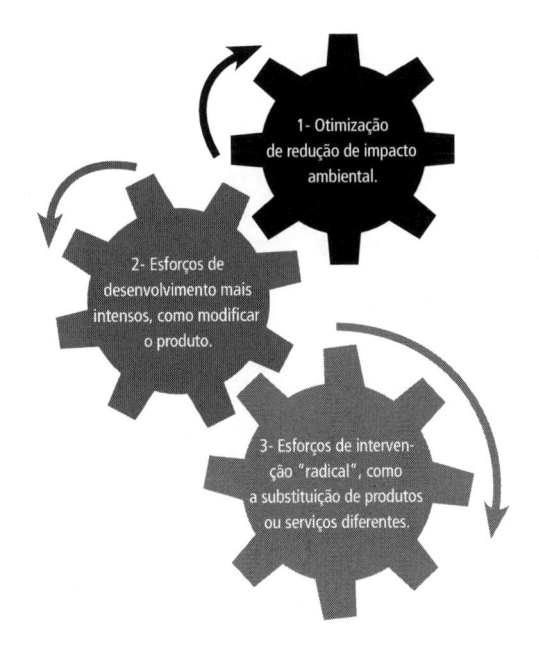

Fonte: Elaborado com base em Pazmino, 2007.

Na etapa 1, são analisados os sistemas que se relacionam com o processo de geração do produto, por exemplo, a energia consumida, o tipo de matéria-prima, como essa matéria-prima é extraída, os resíduos gerados, o gasto de água, a produção e a emissão de poluentes, as formas de descartes etc. Na etapa 2, são feitas alterações diretamente no produto, no design, na geometria, no tamanho, na quantidade de material utilizada etc. Já na etapa 3, considera-se a substituição completa do produto ou serviço, sendo então idealizado um novo projeto que atenda de forma mais eficaz aos requisitos do ecodesign.

Em tese, o ecodesign contempla a preocupação com todas as etapas do ciclo de vida do produto, desde a extração de matéria-prima até o descarte. Dessa forma, caracteriza-se como uma estratégia de início de processo, uma vez que as empresas que o adotam devem agir já na **seleção de recursos**, buscando minimizar os impactos ao optar por matéria-prima renovável.

Na fase de **produção**, os processos são analisados e são projetados para utilizar a menor quantidade possível de água e energia, bem como reduzir a emissão de poluentes. Na fase de **distribuição**, sugere-se a redução de embalagens ou formas alternativas de reaproveitamento ou mesmo a escolha por embalagens ecologicamente amigáveis, como os biodegradáveis. O **transporte** e o deslocamento também devem ser previstos, primando-se pela análise da demanda de energia e a poluição gerada, buscando, sempre que possível, opções mais limpas.

O **prolongamento do tempo de vida** dos produtos deve ser pensado e implantado por meio de estratégias como manutenção e reparação ou buscando aumentar o tempo de vida útil com a elevação da qualidade do material que compõe o produto, de forma que tenham mais durabilidade. Na fase do **descarte**, os produtos podem ser reciclados ou reaproveitados (Pazmino, 2007; Cavalcante et al., 2012).

Durante todo o processo deve haver controle na quantidade de resíduos gerados, buscando-se o menor valor possível, tanto nas fases de concepção do produto quanto na fase do descarte ou reciclagem. Afinal, deve-se agir de modo a obter um ciclo sustentável desde o início do processo até a etapa em que o produto não será mais utilizado da forma como inicialmente foi projetado (Pazmino, 2007).

No Quadro 4.2, a seguir, estão dispostas as principais diferenças e convergências existentes entre o ecodesign e o design para o mercado.

Quadro 4.2 – **Diferenças e convergências entre ecodesign e design formal**

Ecodesign	Design formal
Grande escala de produção	Grande escala de produção
Mercado: Local e Global	Mercado: Local e Global
Tecnologia limpa	Alta tecnologia
Orientado ao mercado.	Orientado ao mercado
3 Rs → Reciclagem, Reuso, Reaproveitamento	Maximiza a função simbólica
Custo Médio e Alto	Custo Médio e Alto
Reduzir o impacto ao meio ambiente ao longo do ciclo da vida [do produto]	Satisfazer necessidades emocionais sem pensar no impacto ambiental

Fonte: Pazmino, 2007, p. 6.

O design sustentável se caracteriza pela união entre o ecodesign e o design social. O design sustentável é uma visão completa, que abarca todo o processo de produção de um produto ou serviço, ao mesmo tempo em que está comprometido com a sustentabilidade ambiental, estabelecendo também compromisso com a sustentabilidade social.

CURIOSIDADE

Em 2010, o escritório Fibra Design e a plataforma de design colaborativo Lets Evo desenvolveram um *skate* ecológico, seguindo os conceitos de comércio justo e design sustentável, o material foi desenvolvido observando técnicas de comunidades tradicionais e explorando a variedade de famílias botânicas do Brasil (Designboom, 2009).

O *skateboard* Folha Seca, como foi chamado, foi confeccionado com o BIOplac, um composto ecológico que utiliza recursos não madeireiros, aproveitando a biodiversidade do Brasil. O material é formado por sete camadas coladas com um adesivo à base de vegetais, e as camadas externas são feitas de Pupunha Veneer, que utiliza resíduos da indústria sustentável do palmito. O núcleo do BIOplac é fabricado com 3ply OrganicMosso Bambu, cultivado e produzido no Brasil (livre de agrotóxicos) e reforçado com um composto de 70% de fibras naturais e 30% de polipropileno (Designboom, 2009).

Temos explicitado ao longo deste livro o quanto as atividades praticadas pelo homem, para o desenvolvimento econômico e tecnológico da sociedade, impactam o equilíbrio do meio ambiente. Já assinalamos a evolução em relação às práticas de responsabilidade ambiental e apontamos que técnicas cada vez mais sofisticadas são desenvolvidas para equilibrar o uso dos recursos naturais e a demanda industrial. O design sustentável visa à utilização de recursos da maneira mais eficaz possível. Isso inclui a conservação das fontes naturais, sejam energéticas, de matéria-prima ou poluentes, e o aumento da durabilidade dos produtos, para que possam ser utilizados por um período mais prolongado. Discutiremos esses assuntos adiante.

4.3 Redução do uso de materiais, energia e emissões

A redução do uso de materiais, do gasto de energia e a diminuição das emissões de substâncias tóxicas poluentes são feitas com base em processos que demandam repensar todo o ciclo de vida dos produtos, desde a matéria-prima. O projeto já é concebido contemplando pressupostos sustentáveis; isso, porém, não é tarefa simples, porque requer conhecimentos e informações múltiplas nem sempre disponíveis e que devem ser buscados caso a caso, individualmente para cada tipo de produto. Consiste basicamente na tentativa de ampliar a oferta de materiais de menor impacto ambiental e criar opções para designers e engenheiros projetarem produtos não apenas recicláveis, mas também ecoeficientes.

CURIOSIDADE

CICLO DE VIDA DOS PRODUTOS

O ciclo de vida de um produto inicia na fase de pré-produção, seguida da fase de produção, distribuição, uso e eliminação. Na Figura 4.2, a seguir, detalhamos as características principais que norteiam as etapas dos ciclos de vida dos produtos.

Figura 4.2 – **Ciclo de vida dos produtos**

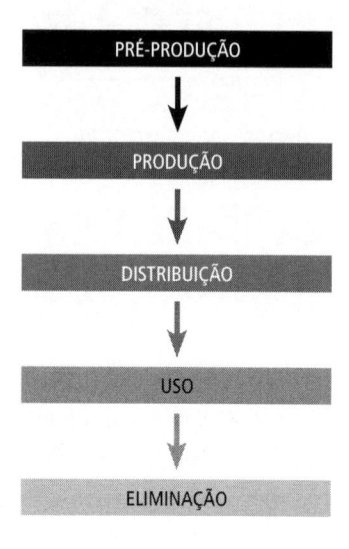

```
PRÉ-PRODUÇÃO
     ↓
  PRODUÇÃO
     ↓
 DISTRIBUIÇÃO
     ↓
     USO
     ↓
 ELIMINAÇÃO
```

A pré-produção é a primeira fase do ciclo de vida de um produto, na qual ocorre a extração dos recursos naturais e o consumo de energia para a sua transformação em matérias-primas de produção, além de seu transporte até as indústrias de transformação.

Em seguida, efetua-se a fase da produção, que envolve a transformação de materiais, a montagem e o acabamento.

Na fase de distribuição, o produto acabado é embalado e encaminhado aos pontos de venda, onde fica acessível para o consumidor final. Essa etapa envolve sua embalagem, armazenagem e transporte.

Já na fase de uso, o produto é utilizado pelo consumidor. Muitas vezes, ocorre o consumo de energia, de água e de outros itens de consumo ou há a necessidade de manutenção durante um determinado período.

Por fim, na etapa de descarte, o produto deixa de ser usado e segue para aterros, incineração ou compostagem. Outra destinação nessa fase é a reciclagem parcial ou integral.

Um dos instrumentos utilizados para a avaliação ambiental atinente ao ciclo de vida do produto é a chamada *avaliação do ciclo de vida* (ACV), ferramenta que consiste basicamente em definir, medir e avaliar as implicações ambientais de todas as entradas (materiais e energia) e saídas (emissões no ar, solo e água). É uma técnica de gestão ambiental que ajuda na identificação de oportunidades de melhoria do desempenho ambiental de produtos nas diferentes fases do ciclo de vida. Entre as vantagens proporcionadas por esse instrumento figuram: aumentar a quantidade de informações para facilitar as tomadas de decisões; aprimorar a seleção de indicadores de desempenho; e evitar que acerta solução em determinada fase do ciclo de vida de um produto desencadeie um problema em outra fase do ciclo, como um efeito cascata, causando contradições no design ecológico do produto.

Em suma, o design sustentável abrange: todo o ciclo de vida de um produto; os processos necessários à sua confecção, as tecnologias de transformação e o beneficiamento dos materiais; a distribuição dos produtos e seu uso e descarte pelo consumidor; bem como as condições e os riscos causados no ambiente de trabalho ao longo da produção de materiais e energia.

De acordo com Kazazian (2005), é indispensável identificar os impactos passíveis de ocorrência e realizar as devidas adequações com vistas à prevenção e à melhoria dos modos de concepção e consumo dos bens.

Segundo Medina (2006, p. 1784), o World Business Council for Sustainable Development (WBCSD) estabeleceu os sete elementos associados à sustentabilidade de produtos e serviços, os quais estão descritos a seguir.

1. Desmaterialização ou a redução da intensidade de uso dos materiais;
2. Economia de energia ou redução da intensidade energética de bens;
3. Reciclabilidade ou aumentar a reciclabilidade dos materiais e produtos;
4. Eliminação de substâncias tóxicas em materiais e produtos;
5. Utilização de recursos renováveis e de materiais reciclados;
6. Durabilidade, estendendo o ciclo de vida dos produtos e componentes;
7. Intensificação da prestação de serviços privilegiando o compartilhamento ou consumo coletivo: transportes coletivos, leasing de máquinas e equipamentos.

Logo, cuidados devem ser tomados desde a escolha dos recursos naturais, sendo preciso conhecer os processos de extração das matérias-primas, o gasto energético para sua obtenção, os possíveis danos causados ao meio ambiente pela emissão de poluentes; e considerar o comportamento desse material na fase de produção do produto em si, verificando se ele é capaz de oferecer boas propriedades físico-mecânicas ao produto final, prolongando seu tempo de vida útil.

Diretrizes, linhas guias ou recomendações de projeto para alcançar o objetivo ambiental foram estabelecidas e encontram-se nas diversas ferramentas ou técnicas de projeto que atuam nas diversas fases do ciclo de vida do produto: DFE (Design for Environment), projeto para o Meio Ambiente; DFLC (Design for Life Cycle), projeto para o Ciclo de Vida; DFD (Design for disassembly), projeto para Desmontagem; DFR (Design for Reciclability), projeto para Reciclagem etc. (Manzini; Vezzoli, 2008).

Manzini e Vezzoli (2008) listam algumas diretrizes estabelecidas para incorporação durante o ciclo de vida dos produtos:

- Diminuir o uso de recursos naturais e de energia.
- Optar por materiais não esgotáveis.
- Usar materiais não prejudiciais (danosos, perigosos).
- Optar por materiais reciclados, recicláveis ou renováveis.
- Se possível, usar um só tipo de material (monomaterial).
- Codificar os materiais para facilitar a sua identificação.
- Escolher técnicas de produção alternativa.
- Aperfeiçoar os processos produtivos.
- Gerar pouco resíduo.
- Minorar a variabilidade dos produtos.
- Reduzir o consumo de energia.
- Utilizar tecnologias apropriadas e limpas.
- Reduzir o peso.
- Reduzir o volume.
- Assegurar a estrutura modular do produto.
- Aumentar a confiabilidade e durabilidade.
- Eliminar embalagens ou projetar embalagens recicláveis ou reutilizáveis.
- Tornar a manutenção e reparos mais fáceis.
- Converter os componentes em reposições ou refil.
- Desmaterializar os produtos.

As premissas listadas aqui ajudam a perceber os pontos do processo produtivo que podem ser alterados e auxiliam na escolha de meios de consumo de energia alternativo e menos impactantes na produção e no consumo.

A seleção de fontes de energia ecoeficientes se relaciona com os aspectos econômicos, ambientais e sociais. Conforme Kazazian (2005), trata-se de produzir bens de consumo a preços competitivos, que satisfaçam as necessidades humanas e melhorem a qualidade de vida.

No que se refere à escolha de recursos energéticos de baixo impacto, Manizini e Vezzoli (2008) sugerem a adesão de sistemas de transformação energética que permitam explorar ao máximo as capacidades de gerar bem-estar ao homem, lembrando que também deve ser considerada a energia humana. Os autores recomendam ainda:

- evitar uso de produtos tóxicos e danosos;
- escolher fontes de energia renovável;
- escolher fontes de energia que minimizem as emissões nocivas durante as fases de pré-produção, produção e distribuição;
- escolher fontes de energia locais.

EXEMPLIFICANDO

Em 2010, a Unilever Brasil, em parceria com a empresa Rex Design, apresentou na Bienal Brasileira de Design um amaciante de roupas concentrado. Desse novo produto, 500 ml apresentavam o mesmo rendimento da embalagem tradicional que contém 2l (Quartim, 2020).

Esse projeto teve como foco as campanhas de educação ambiental para comunicação aos consumidores do conceito de produto concentrado e as melhorias ambientais decorrentes da concentração do produto como a utilização de menor quantidade de recursos naturais e, consequentemente, a redução das emissões de gases de efeito estufa e da geração de resíduos.

Quando se propõe a estudar detalhadamente todas as etapas dos processos de sua produção, a empresa tem a oportunidade de verificar quais são seus pontos fortes e fracos e, assim, eliminar suas deficiências. Uma série de pesquisas precisam ser feitas para identificar onde é possível realizar modificações, mas, uma vez implantadas, as tecnologias ecoeficientes podem proporcionar benefícios para a empresa e para a sociedade em geral.

4.4 Uso prolongado – durabilidade

A extensão do ciclo de vida dos materiais e a otimização do ciclo de vida dos produtos interferem diretamente em sua durabilidade. Esta última está relacionada à manufatura de produtos que perdurem por mais tempo, sendo vinculada especialmente às fases de distribuição (embalagem), uso e eliminação/descarte. Aquela está associada ao projeto do material, avaliando o valor do produto para sua reutilização após sua eliminação/descarte.

A durabilidade corresponde ao potencial do material ou do componente de desempenhar sua função ao longo do tempo, considerando o uso e a manutenção adequada. Uma maior durabilidade equivale a um tempo maior de uso, não só por seu usuário final, mas também pelo potencial mais elevado de reuso, reciclagem e/ou reaproveitamento do material que compõe o produto.

A otimização da vida do produto por meio do aumento da durabilidade é uma estratégia importante, pois tende a diminuir o número de novos produtos fabricados. Por conseguinte, logra-se reduzir o custo ambiental, ou seja, há menor demanda pela exploração de recursos naturais para a produção de novos bens. Com isso, evita-se a geração precoce de lixo, bem como a produção e a distribuição de novos produtos, que também afetam a cadeia produtiva (extração de novos recursos, emissões, transporte etc.) (Manzini; Vezzoli, 2008).

EXEMPLIFICANDO

Índio da Costa Design desenvolveu para a empresa Aladdin o projeto da garrafa térmica Futura, em que eliminou as partes externas, como a alça e a tampa, além de permitir a troca da ampola de acondicionamento térmico interna, facilitando a substituição da peça em caso de quebra. A diminuição do número de componentes e a redução na quantidade de material empregado resultou no menor tempo necessário para a produção e o design inovador. Esse projeto garantiu à Futura o primeiro lugar no concurso da categoria Ecodesign da Federação das Indústrias do Estado de São Paulo (Fiesp), em 1998; além de premiações na Bienal Internacional de Design de St. Étienne, na França, em 1998; no Museu da Casa Brasileira em 1997; e a premiação da Mostra Brasil Faz Design na Itália, em 1998 (Museu da Casa Brasileira, 2021).

Estender o ciclo de vida dos materiais significa fazê-los durar mais do que os produtos dos quais são componentes; por consequência, o material pode ser reaproveitado de outras maneiras. De modo geral, o ciclo de vida de um produto abrange: a extração e o processamento de matérias-primas; a fabricação, o transporte e a distribuição; o uso, o reemprego, a manutenção; a reciclagem, a reutilização e a disposição final. O reemprego, a reciclagem e a reutilização são formas de estender o uso do material que antes compunha um produto.

Além disso, para estender a vida útil de um material, pode-se recorrer a dois processos fundamentais (Manzini; Vezzoli, 2008), quais sejam:

1. **reprocessamento**: consiste em transformar em matéria-prima secundária;
2. **incineração**: corresponde a recuperar o conteúdo energético.

A matéria-prima secundária obtida por meio do reprocessamento pode ser utilizada para a fabricação de novos produtos, no processo denominado *reciclagem*; ou pode ser reutilizada como composto orgânico ou mineral, podendo ser utilizado como fertilizante, por exemplo. Nessas situações, há a grande vantagem de se evitar o impacto ambiental por desperdício de materiais no ambiente. Afinal, a matéria-prima secundária serve como recurso para a produção de novos produtos ou para a produção de energia.

Conforme Manzini e Vezzoli (2008), recomenda-se analisar a solução mais eficiente e se certificar de que realmente se trata de uma opção assertiva, pois, muitas vezes, os processos de aumento de durabilidade dos materiais podem ser causadores de impacto ambiental. No caso do reprocessamento, isso se dá por conta de todo o processo de recolha, separação, desmontagem, limpeza, extrusão, energia gasta, transporte, armazenamento etc. E, no que se refere à incineração, se dá por se caracterizar como um processo que produz fumaça, emissor de gases.

Para que o material possa ser reaproveitado, alguns aspectos devem ser considerados no projeto de produto. Assim, o projetista pode:

- adotar a reciclagem em efeito cascata, reciclando o material até o ponto em que há deterioração das características do produto;
- selecionar materiais com tecnologia de reciclagem eficiente;
- facilitar o recolhimento e o transporte após o uso, considerando no projeto da embalagem a facilidade de compactação dos materiais a serem eliminados e a escolha de materiais leves;
- fornecer informações ao usuário/consumidor sobre como descartar a embalagem;
- identificar os materiais compatíveis e com uma tecnologia de reciclagem mais eficiente;
- facilitar a separação dos materiais incompatíveis entre si;
- minimizar o número de materiais incompatíveis entre si, projetando, se possível, embalagem com um único material ou empregando materiais compatíveis entre si (o mesmo tem de ser aplicado aos componentes que devam ser unidos);
- facilitar a limpeza/combustão/compostagem, evitando o uso de adesivos ou escolhendo materiais compatíveis ou que possam ser reciclados;
- no caso de embalagens termofixas, optar pela pigmentação e não pela pintura.

EXEMPLIFICANDO

A garrafa de água Crystal Eco, produzida pela Coca-Cola Brasil, foi projetada com o objetivo de diminuir os impactos ambientais ligados ao seu descarte. O uso de nervuras de forma acentuada facilita sua compactação por meio da torção da embalagem, esse mecanismo reduz em até 37% o volume da garrafa e diminui consideravelmente o volume ocupado durante seu descarte, facilitando o transporte e a armazenagem. Entretanto, essa proposta depende da consciência ambiental do usuário em torcer a garrafa antes de descartá-la, pensando nisso a Coca-Cola Brasil desenvolveu um rótulo que convida o consumidor a compactar a embalagem após o seu uso, e vem desenvolvendo campanhas para divulgação da mensagem: "Torça, faça um pedido e atraia coisas boas" (Quartim, 2021).

Além disso, a garrafa utiliza 20% menos PET que as versões antigas e 30% do PET é produzido a partir da cana-de-açúcar, o que reduz em torno de 20% as emissões de dióxido de carbono.

Assim, diversos critérios devem ser avaliados na fase de planejamento ecoeficiente de um produto ou na incorporação da ecoeficiência em um processo já existente. Santos (2009) propõe que, para a avaliação/concepção de produtos, sejam gerados critérios gerais e específicos de acordo com os objetivos do projeto sob a ótica da otimização do ciclo de vida. A proposta inicial do autor direciona o projetista a criar uma lista de verificação com a qual seja possível realizar o controle das características que envolverão todos os processos. A lista pode fornecer informações sobre os critérios que são atendidos e os que não são, possibilitando, assim, que o projetista realize os reparos e os ajustes necessários, até que todos os critérios sejam implantados.

Assim, ao projetar um item comercial, a fim de verificar a sustentabilidade do projeto em questão e realizar os ajustes apropriados, alguns questionamentos podem ser feitos: poderá ser avaliado se o produto tem adaptabilidade; se é de fácil ou difícil manutenção; se pode ser reutilizado, reparado ou remodelado; qual a vida útil de cada componente; e se a quantidade de material foi levada ao mínimo possível, entre outros critérios de acordo com as necessidades do projeto.

O designer, *grosso modo*, é um profissional que busca desenvolver soluções para problemas em diversos setores – design de interiores/exteriores de construções, moda, de produtos, entre outros – em resposta às necessidades humanas. Por isso, o processo criativo desse profissional tende a potencializar e otimizar o desempenho daquilo que é objeto de seu trabalho, ponderando e buscando relacionar de forma cada vez mais expressiva a qualidade, a durabilidade, a aparência, os custos e, entre outras coisas, os fatores que podem diminuir os impactos ambientais. Nesse sentido, algumas estratégias podem ser implementadas para auxiliar o trabalho desse profissional, a saber:

- **Melhorias no produto**: mecanismo que permite reconsiderar os componentes e materiais do produto se baseando no uso de matérias-primas renováveis, tendo em vista a possibilidade futura de reciclagem e a redução de descarte.

- **Redesign**: mecanismo utilizado para alterar e fornecer melhores capacidades técnicas ao produto. Como exemplo, podemos observar o uso de funções de liga/desliga automáticas de componentes eletrônicos que auxiliam na redução de consumo de energia.
- **Inovação nas funcionalidades**: o conceito do produto em questão é avaliado e questionado até que se encontrem as soluções mais ambientalmente interessantes.
- **Inovação no sistema-produto**: reestruturação de um negócio para fornecer, além do produto, serviços que permitam o prolongamento do ciclo de vida desse item.

Em qualquer um desses mecanismos, a possibilidade de reuso, reciclagem e remanufatura dos materiais precisa ser considerada.

O **reuso** está associado à recuperação direta do material. Este é analisado e, com base em suas condições, realocado para ser reaproveitado em outros setores em que ainda apresente serventia e funcionalidade. A **reciclagem** e a **remanufatura** são mecanismos que envolvem o reprocessamento dos produtos, esse processo envolve a real transformação desse produto usado para melhorar sua qualidade ou ampliar suas funções.

No exemplo apresentado na Figura 4.3, a seguir, é possível observar o trabalho de reutilização de cortiça e aglomerados para constituir as paredes de uma casa, fornecendo proteção térmica e acústica ao ambiente.

Figura 4.3 – **Exemplo de reuso de materiais no design da estrutura de uma casa**

Paul Maguire/Shutterstock

Já no próximo exemplo, está ilustrado o trabalho do designer holandês Piet Hein Eek. Esse profissional ficou muito conhecido por utilizar objetos descartados para produções de novas peças. A cadeira apresentada na imagem é uma produção do designer em que ele atribui nova funcionalidade aos resíduos materiais de suas próprias produções.

Figura 4.4 – **Exemplo de reuso de materiais no design da estrutura de uma cadeira**

Piet Hein Eek

Após uma análise criteriosa de todo o processo de produção de um produto, incluindo seu ciclo de vida, é possível aplicar os conceitos de desenvolvimento sustentável e adaptar todo o processo e o produto para que seja ecologicamente amigável, assim como garantir que o item e os materiais utilizados tenham seu uso prolongado ao máximo.

4.5 Benefícios do ecodesign

Atualmente, há uma enorme exigência para que haja uma melhoria constante do sistema de produção por uma razão evidente: as matérias-primas e os recursos naturais são finitos e estão sempre em risco de esgotamento.

Como forma de reduzir e controlar os impactos gerados ao meio ambiente em decorrência do consumismo humano desenfreado, a ONU vem demandando um modelo produtivo que otimize os recursos e a energia, de maneira que desenvolva infraestruturas sustentáveis. Esse modelo é capaz de atingir e gerar benefícios para a indústria e para a população, pois possibilita a melhoria da qualidade de vida de milhões de pessoas, reduz a pobreza, aumenta a competitividade e reduz os custos econômicos, ambientais e sociais.

Nessa perspectiva, o ecodesign e o design sustentável são uma solução, uma estratégia que visa prolongar indefinidamente o valor dos produtos. O design com materiais sustentáveis permite aos bens que terminem sua vida útil em condições de terem novas funções.

Diversos são os benefícios do ecodesign. A seguir, arrolamos algumas vantagens proporcionadas por essa ferramenta da sustentabilidade:

- **Versatilidade e durabilidade**: os produtos são mais versáteis e são fabricados com materiais mais duradouros.
- **Economia energética e de recursos**: favorece a poupança de energia e precisa de menos recursos naturais e matérias-primas.
- **Capacidade de inovação**: o consumo durante o transporte diminui, reduzindo, por conseguinte, as emissões de CO_2.

- **Competitividade:** as empresas ganham em capacidade de inovação e reforçam seu compromisso com o meio ambiente.
- **Agregação de valor:** satisfaz a demanda do mercado com produtos mais atrativos para um público cada vez mais exigente.

IMPORTANTE!

Há três certificações com regulamentos específicos do ecodesign que credenciam a natureza sustentável dos produtos comercializados no mercado:

- *Cradle to Cradle (C2C):* sistema que certifica e promove a inovação em produtos sustentáveis com um método de avaliação que tem como base os seguintes aspectos: saúde material, reutilização dos materiais, uso de energias renováveis, administração da água e responsabilidade social.
- **ISO 14062:** norma internacional de gestão ambiental que avalia a integração dos aspectos ambientais no design e no desenvolvimento do produto.
- **ISO 14001:** norma que permite às empresas certificar seu compromisso com a defesa do meio ambiente com a gestão dos riscos ecológicos próprios da atividade que realizam.

Em resumo, o ecodesign é uma prática bastante vantajosa, pois proporciona: economia, uma vez que promove o racionamento e o uso inteligente de recursos; autoridade de mercado, uma vez que as empresas ou profissionais que adotam o ecodesign como diretriz agregam valor e se destacam entre os demais; cumprimento das legislações ambientais, já que os produtos criados com o conceito do ecodesign satisfazem os requisitos das leis ambientais; ecoeficiência, relacionada com a *performance* e a eficácia que um produto ou o serviço construído nos moldes do ecodesign deve apresentar; diferencial competitivo, uma vez que se trata de uma forma de produzir valor agregado ao negócio, pois as empresas que demonstram preocupação com o desenvolvimento sustentável são mais valorizadas pelos consumidores.

4.6 Limitações do ecodesign

Atualmente, há uma grande quantidade de métodos e instrumentos de ecodesign disponíveis que possibilitam, em maior ou menor grau, analisar ou desenvolver produtos com menores impactos ambientais. A ACV é a mais aceita como metodologia para conduzir a avaliação de impactos ambientais de produtos ou serviços, uma vez que permite a comparação entre perfis ecológicos de produtos ou a identificação de potenciais impactos com base na realização de um inventário, no qual são avaliados, quantitativamente, todos os materiais e processos que intervêm ao longo do seu ciclo de vida. No entanto, sua aplicação é bastante complexa, difícil e dispendiosa, o que torna seu emprego ainda muito restrito. As empresas, em geral, encontram enorme dificuldade na implantação dos projetos com base nessa metodologia, e o processo como um todo se caracteriza como um grande desafio (Braga, 2014).

Algumas das principais dificuldades de aplicação da ACV encontram-se: na falta de informações disponíveis e confiáveis sobre as características ambientais de produtos e serviços; na necessidade de um levantamento extenso de dados técnicos sobre os materiais e os processos produtivos; na falta de inventários ou base de dados adaptados à realidade nacional; no alto investimento e consumo de tempo para compilar todos os dados; na necessidade de conhecimento técnico especializado para realizar a ACV, entre outros (Braga, 2014).

O alto grau de especialização demanda profissionais qualificados para detectar, compreender e aplicar tanto as normas ISO 14000 quanto as ferramentas de ACV que colaboram para a estagnação do Brasil no que concerne a um desenvolvimento sustentável, e isso se torna um desafio ainda maior para empresas de médio e pequeno porte.

Uma maneira de acelerar o processo de transição é a disseminação de estudos de caso nacionais de ecodesign como forma de orientar e incentivar essa prática por parte do setor produtivo e dos profissionais (Braga, 2014). Torna-se, assim, imprescindível uma divulgação maior de estudos de caso, nos quais sejam relatadas de forma simplificada as diretrizes usadas para o desenvolvimento de tais produtos. É conveniente, portanto, utilizar exemplos representativos de uma classe de artigos voltados para o mercado nacional e que sejam reconhecidos por suas qualidades ambientais e suas vantagens competitivas.

No próximo capítulo, abordaremos os desafios das empresas diante das pressões por mudanças em seus sistemas, e apresentaremos o sistema produto-serviço (PSS) e a ferramenta da biomimética.

NABODIN/Shutterstock

CAPÍTULO 5

MATERIAIS E PROCESSOS SUSTENTÁVEIS

No capítulo anterior, relatamos que os conceitos de sustentabilidade derivaram da crescente preocupação com as alterações causadas no meio ambiente pelo uso desenfreado dos recursos para abastecer o processo produtivo do setor industrial. Esmiuçamos também os conceitos e as características do design sustentável, do ecodesign e demonstramos como é possível ajustar o funcionamento dos processos produtivos tradicionais para que se desenvolvam com responsabilidade ambiental.

Neste capítulo, versaremos sobre os principais desafios que as empresas têm de enfrentar e as vantagens proporcionadas pela implantação de uma política empresarial sustentável. Qualificaremos os conceitos, os benefícios e as vantagens de se utilizar o sistema produto-serviço (PSS) e a biomimética como ferramentas do desenvolvimento de produtos e serviços sustentáveis.

5.1 Empresas: pressões por mudanças

As empresas enfrentam, atualmente, enorme pressão para que se alinhem às exigências emergentes do mercado, tendo como necessidade imprescindível considerar os pressupostos ambientais, econômicos e sociais sob a perspectiva da sustentabilidade.

A degradação ambiental ocasionada em todo o mundo sob forma de elevados índices de poluição do ar, desmatamento ou até mesmo congestionamento do tráfego, por exemplo, torna-se cada vez mais abrangente e pode ter repercussão negativa não intencional das atividades econômicas competitivas das empresas.

A sociedade em geral está cada vez mais atenta aos impactos que causa ao meio ambiente com suas práticas. A conscientização do mercado consumidor sobre a necessidade de preservação do meio ambiente tem influência direta sobre empresas e organizações, ensejando a formulação de políticas e ações voltadas para o desenvolvimento sustentável. Cresce, assim, a demanda por estratégias de desenvolvimento ambiental responsável e eficiente, com equilíbrio entre os aspectos econômicos, sociais e ambientais da sustentabilidade (Silva; Quelhas, 2006; Corrêa et al., 2013; Lins; Silva, 2010; Leoneti; Nirazawa; Oliveira, 2016).

De acordo com Lins e Silva (2010), as instituições governamentais, as empresas e as organizações estão percebendo que as questões ambientais não podem ser relegadas a um segundo plano. Em verdade, elas merecem bastante atenção, e os sistemas precisam ser alterados e ajustados para aliar o crescimento econômico e a preservação dos recursos ambientais:

> "Governos e organizações públicas e privadas tornam-se cada vez mais conscientes da impossibilidade de separar as questões relativas ao desenvolvimento econômico das questões relativas ao meio ambiente" (Lins; Silva, 2010, p. 92).

Como forma de se manterem competitivas, as empresas buscam se adequar às necessidades da sociedade em geral. A intensificação dos problemas ambientais em todo o mundo tornou a responsabilidade ambiental um fator indispensável e contribuiu para a criação de normas internacionais e legislações ambientais que se tornam cada vez mais rigorosas com o passar do tempo (Silva; Quelhas, 2006; Corrêa et al., 2013; Lins; Silva, 2010; Leoneti; Nirazawa; Oliveira, 2016).

Tendo em vista essas tendências do mercado globalizado, muitas organizações têm se dedicado ao desenvolvimento de projetos e ações socioambientais com transparência perante a sociedade em relação às medidas adotadas, isso está se transformando em uma estratégia inovadora de responsabilidade social, pois, além de maximizar as margens de lucro, caracteriza-se como uma oportunidade de desenvolvimento.

Segundo Tinoco e Kraemer (2004), Viana (2011) e Brighenti, Souza e Hein (2014), muitas empresas se colocam na posição obrigatória de tornar relevante o desenvolvimento sustentável em sua política interna:

> As empresas estão cada vez mais preocupadas e buscam atingir e demonstrar um desempenho que seja mais satisfatório no que tange às questões ambientais.
> [...] degradação do meio ambiente, ocorrida de forma crescente e assustadora, conduziu a uma conscientização por parte das empresas, que se sentem obrigadas a incorporar questões ambientais nos seus objetivos, até então, destinados exclusivamente à obtenção de lucros. (Brighenti; Souza; Hein, 2014, p. 99)

Desenvolver projetos e políticas ambientais demonstra que as empresas têm preocupação e responsabilidade com as consequências de suas atividades para o meio ambiente.

A gestão administrativa, sob a perspectiva do desenvolvimento sustentável, tende a gerar um desempenho econômico-financeiro positivo, é o que Brighenti, Souza e Hein (2014, p. 3) afirmam: "Há fortes evidências de que as organizações que melhoram o seu desempenho ambiental, consequentemente terão melhor desempenho econômico".

A adoção de uma política de responsabilidade ambiental gera diversos benefícios para as empresas: previne, por exemplo, problemas legais futuros, porque as organizações tendem a se adequar às legislações ambientais impostas. Além disso, essa medida agrega valor à sua imagem com relação à opinião pública, representando uma empresa de confiança:

> Para as empresas com visão estratégica de longo prazo, a questão ambiental deixou de ser encarada apenas como uma exigência legal e passou a ser considerada como um importante variável dentro da competitividade empresarial, sendo, em algumas empresas, inseridas definitivamente nos mais altos níveis hierárquicos do planejamento estratégico. (Lins; Silva, 2010, p. 92)

Para muitos gestores, no entanto, as crescentes exigências ambientais aparentam ser motivo de preocupação, pois se apresentam como obstáculo para o desenvolvimento econômico, gerando a preocupação de que as regras se tornem muito restritivas e demandem elevados investimentos. Há a preocupação, também, com o risco que a empresa corre ao se comprometer por meio da adoção de determinadas medidas de proteção ambiental; o receio é de que estas venham a se tornar obsoletas se os regulamentos ou as condições do mercado mudarem, se transformando em prejuízos. Fatores como esses geralmente inviabilizam a implantação das medidas de proteção ambiental (Silva; Quelhas, 2006; Corrêa et al., 2013; Lins; Silva, 2010; Leoneti; Nirazawa; Oliveira, 2016).

Entretanto, há uma crescente capacidade competitiva de empresas que seguem a política de desenvolvimento sustentável. Implantar políticas de sustentabilidade coloca a empresa em nível superior de credibilidade, com capacidade para obter ganhos e reduções de custos operacionais (Christmann, 2000; Gomes Júnior; Gomes, 2010).

CURIOSIDADE

No Brasil existe uma ferramenta que mensura a sustentabilidade em uma empresa. O Índice de Sustentabilidade Empresarial (ISE) foi adotada em dezembro de 2005 pela Bolsa de Valores de São Paulo (Bovespa). O ISE é um índice aplicado ao mercado de ações que sinaliza tendência da bolsa de valores, visando destacar e valorizar as ações das empresas que apresentarem melhores desempenhos em termos de responsabilidade social e sustentabilidade financeira e ambiental (B3, 2021).

Conforme Nicolaï, Faucheux e O'Connor (1998), implementar a inovação tecnológica com base no desenvolvimento sustentável em uma organização envolve vantagens competitivas, mas também apresenta algumas limitações.

As vantagens incluem oportunidades para a redução de custos, pois há aumentos potenciais em eficiência e produtividade.

Uma das melhorias da qualidade é a inovação em tecnologia ambiental, que pode ser incluída na abordagem de "gerenciamento da qualidade total" (ISO 9000). Atualmente, já existem referências à "gestão ambiental de qualidade total" (ISO 14000).

Ademais, a redução de custos permite às empresas buscar estratégias exclusivas e inéditas, podendo se tornar, dessa forma, líderes em um segmento estratégico de mercado.

Quanto à responsabilidade social, possibilita a economia nos orçamentos públicos de assistência médica e ajuda as empresas a obter aceitação e legitimidade social no mercado. Existe, ainda, a possibilidade de influenciar a legislação, pois as empresas que desenvolvem ou implementam inovações em tecnologia ambiental têm a possibilidade de influenciar a legislação em seu benefício, incorporando à empresa uma vantagem competitiva em relação aos concorrentes.

Já as limitações envolvem a falta de conhecimentos e informações ambientais. Alguns problemas ambientais permanecem sem soluções tecnológicas e existem incertezas quanto às obrigações regulatórias. Dessa forma, diversos empreendimentos optam por esperar, uma vez que não têm condições de financiar pesquisas básicas nem capacidade de correr riscos de investimento.

Sobre as limitações, há os custos de desenvolvimento, pois muitas vezes os custos de implementação de soluções técnicas sustentáveis são elevados, especialmente para empresas de portes pequeno e médio.

Assim, para garantir que um tipo de estratégia ambiental seja uma vantagem para empresas e para a sociedade, o papel do governo é indispensável, devendo emitir sinais claros para orientar todos os participantes da trajetória desejada.

CURIOSIDADE

De acordo com o artigo "5 empresas sustentáveis que fazem marketing verde com excelência" (ATP Solar, 2018), o futuro do mercado se concentra na transformação sustentável das empresas, pois, com a introdução de novas tecnologias, fica cada vez mais fácil fazer as organizações cumprirem seus papéis de impactar positivamente a sociedade. A sustentabilidade no âmbito empresarial ganha cada vez mais espaço, mesmo sendo um grande desafio.

O texto apresenta, ainda, dados estatísticos que revelam os fatores que o público consumidor mais leva em consideração em relação às ações das empresas. Cerca de 34,1% das menções julgam a responsabilidade ambiental da empresa; 18,2% analisam o comportamento ético e a transparência; e 17% observam as iniciativas sociais da empresa.

Alguns exemplos de empresas que adotaram a política de desenvolvimento sustentável:

Philips: uma empresa da Holanda, cujos bens produzidos pela corporação demandam alto consumo energético. Pensando em minimizar esses gastos, a empresa passou a investir no desenvolvimento de produtos "verdes", que economizam energia e usam embalagens atóxicas, leves, mais duráveis e recicláveis.

Natura: uma empresa brasileira do ramo de cosméticos. Destaca-se por intensificar seus cuidados na área socioambiental. Dentre algumas ações está o auxílio prestado às consultoras, as quais são incentivadas a ingressar em uma faculdade e a aprender outras línguas; e a transparência com a sociedade, informando aos consumidores qual o impacto causado pela compra dos produtos da marca, como ações educativas e preservação florestal, por exemplo.

Fiat: uma das maiores fabricantes de automóveis do mundo. Seus produtos causam enorme impacto ao meio ambiente; assim, visando minimizar esse efeito, a empresa criou alguns programas como o desenvolvimento de produtos mais seguros, eficientes e com menos emissão de gás carbônico; otimizou o consumo de recursos naturais nas fábricas; aprimorou os programas de relacionamentos com os consumidores; entre outras ações.

Walmart: é uma multinacional americana de lojas de departamento. A empresa promove o desenvolvimento socioambiental em todos os elos da cadeia de valor.

Coca-Cola: é uma empresa americana produtora de refrigerantes. A sustentabilidade é assumida pela empresa como um valor; sendo assim, enfatiza o crescimento consciente por meio de algumas práticas: redução de resíduos; ações de conscientização para proteção dos ursos polares; marketing focado em questões sustentáveis; e devolução ao meio ambiente do dobro de água que consome em seu processo produtivo.

Podemos observar que o mercado consumidor é o principal influenciador do comportamento político e social das organizações, e a necessidade de se manter competitivas impele empresas e indústrias a implementar mudanças para manter seu crescimento econômico o mais contínuo e crescente possível. A preocupação com o meio ambiente está se tornando um fator cada vez mais essencial no processo de tomada de decisão do consumidor. Assim, quanto mais exigente e criterioso o consumidor estiver no que toca à responsabilidade ambiental por parte das empresas, mais estas terão de remodelar seu sistema produtivo e suas relações internas para que as questões ambientais sejam consideradas.

5.2 Sistema produto-serviço (PSS)

O ecodesign, como já informamos, tem como base o cuidado com os processos para a obtenção de produtos ecoeficientes. Dessa forma, esse modelo se preocupa com a implementação dos princípios da sustentabilidade no máximo de fases possíveis em todas as etapas do ciclo de vida do produto.

Uma das limitações da metodologia do ecodesign é a descontinuidade entre os padrões de produção e os de consumo. Isso quer dizer que, mesmo tornando os processos produtivos o mais sustentáveis possível, não se podia ter controle sobre potenciais problemas nas fases de venda e descarte dos produtos, ou seja, não se podia controlar o comportamento do consumidor no momento do descarte.

Fica evidenciado que, para alcançar soluções que efetivem mudanças no modo de consumo, tornando-o mais sustentável, é preciso ampliar possibilidades de inovação para além do ciclo de vida de um produto, com ênfase na satisfação do usuário, em vez de apenas se concentrar na oferta de produtos.

Assim, o sistema produto-serviço (PSS) atua no sentido de oferecer os produtos e os serviços adequados para satisfazer às necessidades do consumidor. Nesse modelo, é imprescindível a interação inovadora entre todos os *stakeholders* para a obtenção do sucesso econômico e dos benefícios para o meio ambiente de maneira mais efetiva (Vezzoli et al., 2018).

CURIOSIDADE

Stakeholder é um termo da língua inglesa criado pelo filósofo Robert Edward Freeman que significa "grupo de interesse". Essa palavra definia os grupos que podiam afetar ou serem afetados pelos objetivos de uma organização. Alguns exemplos desses grupos são:

- acionistas;
- investidores;
- proprietários;
- empregados;
- sindicatos;
- clientes;
- governo;
- concorrentes (O QUE..., 2021).

De maneira geral, o PSS é um modelo estratégico de inovação por meio da integração da oferta do produto e do serviço, porque tem a capacidade de lidar com as demandas e as necessidades do consumidor de maneira mais eficaz, gerando lucros em paralelo à redução do impacto ambiental:

> Um Sistema Produto-Serviço (ou a combinação de produtos e serviços) é um conjunto de produtos e serviços comercializáveis que, em conjunto, são capazes de satisfazer as necessidades do cliente. [...] O PSS pode trazer benefícios para o meio ambiente em combinação com a criação de um (novo) negócio.
> [...] PSS é um sistema de produtos, serviços, rede de atores e infraestrutura de apoio que busca continuamente ser competitivo, satisfazer as necessidades do cliente e ter um impacto menor do que os modelos tradicionais de negócios.

[...] PSS é um produto material somado a serviços intangíveis concebidos e combinados de modo que ambos, em conjunto, são capazes de satisfazer uma necessidade específica do cliente. Além do mais, um PSS pode atingir metas sustentáveis. (Vezzoli, et al., 2018, p. 63)

O PSS proporciona inovação competitiva e busca a satisfação do cliente com base em um mínimo impacto ambiental possível, tudo isso proporcionado pelas novas interações entre os atores do processo (*stakeholders*). O PSS aumenta a ecoeficiência de todo o sistema por meio das inovações colaborativas consequentes da continuidade das atividades de cada *stakeholder*.

O PSS ecoeficiente é um modelo de oferta combinada entre os produtos e os serviços prestados por um empreendimento capaz de satisfazer a demanda do consumidor em particular. Nesse modelo, o lucro econômico e a capacidade competitiva são alinhados, de maneira contínua, a soluções sustentáveis. É uma estratégia de inovação em que o foco passa a ser o sistema de produtos e serviços, permitindo desvincular o consumo de produtos físicos da satisfação das necessidades dos usuários (Vezzoli et al., 2018).

O PSS tem duas características principais, quais sejam: (1) é um modelo que tem por base a satisfação, assim, cada oferta é planejada e entregue de acordo com o desejo particular do cliente; (2) é fundamentado nas interações inovadoras dos *stakeholders*, que trabalham em conjunto para buscar soluções sustentáveis para a satisfação do cliente.

O desenvolvimento de interações inovadoras entre clientes, fornecedores e demais *stakeholders* pode levar ao alcance de soluções benéficas para todos, reduzindo o impacto ambiental e resultando em lucratividade econômica. Por meio do PSS, quando comparado com a produção tradicional de produtos, é possível que a organização consiga manter e até mesmo aumentar seu faturamento.

A integração dos *stakeholders* é essencial para a obtenção dos interesses econômicos individuais, uma vez que promove continuidade sistêmica nos padrões de produção e consumo. Algumas modificações podem ser feitas na integração dos *stakeholders* para a obtenção de um cenário mais eficiente. Uma delas diz respeito a modificações na integração do *stakeholders* propriamente, por meio do aumento da influência entre eles (Vezzoli et al., 2018). Esse aumento de influência entre os agentes pode acontecer de duas formas.

A primeira é a **integração vertical** dos atores, em que um ator se responsabiliza por todas as etapas do ciclo de vida do produto.

EXEMPLIFICANDO

Na indústria automobilista é comum o uso de integração vertical. Por exemplo, a Honda, fundada nos anos 1940 no Japão, atua no ramo de veículos automotores (automóveis, motocicletas e produtos de força). Essa empresa também fabrica motores e peças de energia necessárias para o bom funcionamento dos veículos que produz (Lecom, 2021).

Na indústria de saúde, podemos observar dois diferentes padrões de integração vertical. No primeiro, os hospitais desenvolvem seus próprios planos de saúde para atender às suas demandas, sem solicitar soluções terceirizadas. No segundo caso, as operadoras de planos de saúde optam por oferecer serviços próprios, como laboratórios e hospitais (Lecom, 2021).

A segunda forma de influência é a **integração horizontal** dos atores, em que um ator detém o controle por diferentes serviços e produtos.

EXEMPLIFICANDO

A compra da Pixar Animation Studios pela Walt Disney e a compra da Volkswagen pela Porshe (Nos, 2021).

Outra forma de modificação na integração estratégica entre os *stakeholders* pode ser estabelecida por meio da mudança de duração das interações e das parcerias entre os agentes. Ao se buscar estender as interações, as relações entre os *stakeholders* não findam com o término da transação comercial. Essa medida pode se caracterizar como:

- **Extensão vertical**: mais atores, incluindo o usuário final, estendem suas interações de acordo com o ciclo de vida do produto.
- **Extensão horizontal**: mais atores, incluindo o usuário final, estendem as interações com um sistema de satisfação em particular.

Para efetivar as inovações ecoeficientes para os sistemas, existem algumas abordagens de interações dos atores. São elas: PSS orientado ao uso; PSS orientado ao produto; PSS orientado ao resultado, como detalhado na Figura 5.1.

Figura 5.1 – **Sistema produto-serviço**

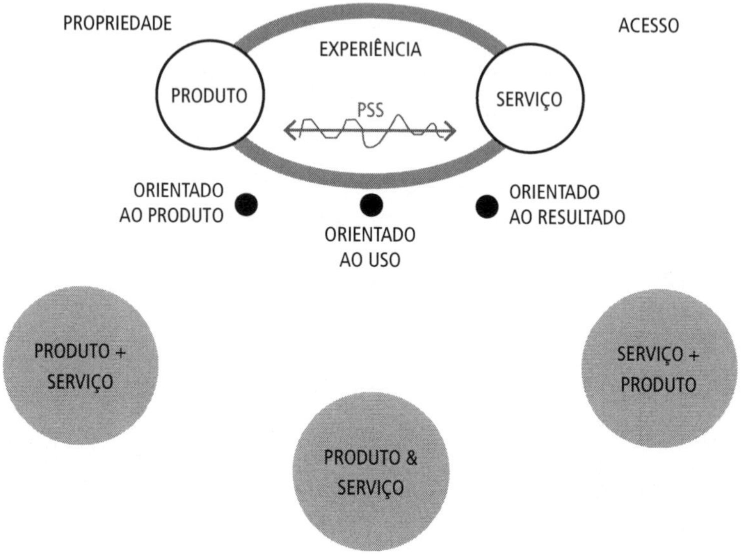

```
         PROPRIEDADE                                    ACESSO
                         EXPERIÊNCIA
              ┌─────────────────────────────┐
              │ PRODUTO      PSS    SERVIÇO │
              │         ∿∿∿∿∿∿∿             │
              └─────────────────────────────┘
           ORIENTADO                ORIENTADO
           AO PRODUTO   ●           AO RESULTADO
                        ORIENTADO
                         AO USO


       PRODUTO +                          SERVIÇO +
        SERVIÇO                            PRODUTO


                        PRODUTO &
                         SERVIÇO
```

PSS orientado ao produto

Os serviços são direcionados para agregar valor ao ciclo de vida do produto. Esse tipo de organização busca fornecer serviços que garantam a extensão do desempenho do produto, ou seja, nesse caso, a empresa vende o produto e os serviços que são necessários durante a fase de uso destes.

De maneira geral, o cliente adquire o produto e tem acesso a serviços que o auxiliam no gerenciamento do ciclo de vida do produto, contemplando a fase pós-venda com vistas a garantir a funcionalidade e a durabilidade do produto adquirido. Exemplos são os serviços de manutenção, *upgrade* e treinamentos e consultorias para manuseio mais eficaz.

Esse modelo reduz custos devido ao aumento da vida útil do produto proporcionado pelos serviços adicionais. De acordo com Vezzoli et al. (2018), o estreitamento das relações entre cliente e empresa facilita a busca por soluções ecoeficientes.

> A interação inovadora entre a empresa e o cliente impulsiona o interesse econômico e competitivo da própria empresa na busca contínua por soluções que levem em consideração os benefícios ambientais, ou seja, o interesse econômico torna-se algo diferente do que somente vender uma grande quantidade de produtos. (Vezzoli et al., 2018, p. 73)

EXEMPLIFICANDO

Conforme relato de Vezzoli et al. (2018), a holandesa Kluber, produtora de lubrificantes, criou um serviço de análise de eficácia de plantas industriais, do seu tratamento aerossol e de esgotamento, denominado S.A.T.E. Por meio desse serviço, a empresa disponibiliza um laboratório móvel que é direcionado para seus clientes. Esse laboratório faz todo o estudo e o monitoramento dos equipamentos industriais dos contratantes e determina a *performance* dos lubrificantes e o impacto causado, avaliando a poluição sonora e ambiental.

Como consequência, a empresa diminuiu a quantidade de lubrificantes vendidos por unidade de serviço, o que acarretou a diminuição da emissão de produtos poluentes. O acompanhamento prestado aos clientes resultou no aumento do desempenho e da vida útil dos maquinários.

Com essa proposta, a empresa agregou valor a sua marca, e os clientes perceberam a redução de custos e de problemas associados à sua produção. Ademais, a Kluber conseguiu aumentar a eficiência de seus lubrificantes.

PSS orientado ao uso

São oferecidas aos clientes "plataformas facilitadoras". As organizações tornam os clientes capazes de buscar os resultados que desejam, e o usuário não se torna proprietário do produto, mas detém o poder de manuseá-lo para alcançar as soluções que lhe interessam. O cliente paga pelo tempo que usufruirá do produto e, com o término dos acordos contratuais, este volta para a empresa contratada. Isso pode se caracterizar como uma espécie de aluguel.

Por meio desse modelo, proporciona-se a maximização do uso de um produto e a extensão da vida útil dele. Segundo Vezzoli et al. (2018), no PSS orientado ao uso as empresas têm a necessidade de disponibilizar produtos de melhor qualidade e com mais durabilidade, isso possibilita a utilização de um mesmo artigo de forma eficiente e satisfatória por diversos clientes:

> "A interação inovadora entre a empresa e o cliente leva o interesse econômico e competitivo da empresa a buscar continuamente novas soluções ambientalmente benéficas, por exemplo, conceber produtos altamente eficientes, duráveis, reusáveis e recicláveis" (Vezzoli et al., 2018, p. 74).

EXEMPLIFICANDO

Vezzoli et al. (2018) informam que a Brastemp, empresa brasileira do setor de eletrodomésticos, visando inovar, criou um novo nicho de mercado. A empresa adotou um modelo centrado nos serviços de aluguel de purificadores de água. O purificador de água da Brastemp oferece água purificada para uso doméstico, comercial ou industrial. O aparelho é instalado nas dependências que o cliente demandar, e o serviço é oferecido por assinatura mensal. A empresa desenvolve o produto de acordo com as necessidades do cliente, responsabiliza-se pela instalação, pela manutenção e pelas melhorias do produto e do serviço que forem solicitadas durante o período vigente do contrato.

Já a Globusiness fornece uma plataforma de produtos e serviços orientada ao fornecimento de espaços de trabalho. A empresa mantém um ambiente físico em Curitiba, Paraná, em que são disponibilizadas 20 salas mobiliadas de tamanhos variados. A localização do empreendimento, a qualidade e o custo do padrão ofertado são os grandes diferenciais, e a empresa disponibiliza para os clientes diversos serviços que podem ser de aluguel do espaço e divulgação da marca do cliente, até atividades personalizadas. Alguns dos serviços prestados são: portaria 24 horas, circuito de televisão e segurança em todas as instalações do prédio, café, água, *office boy*, limpeza etc. Os principais consumidores desse serviço são empresas de assistência técnica, telefonia, informática, assessoria jurídica, entre outros. Todos os resíduos gerados nas instalações do prédio são encaminhados para o serviço municipal pela Globusiness (Vezzoli et al., 2018).

PSS orientado ao resultado

A inovação nesse modelo consiste em entregar resultados finais aos clientes e aos consumidores. Essas organizações oferecem um conjunto de serviços personalizados para o cliente/consumidor obter a solução mais eficiente. O cliente não adquire um produto, mas o direito de utilizar o produto em favor do atingimento das soluções esperadas.

Nesse modelo, o cliente não realiza qualquer tipo de procedimento; tudo que é necessário ser feito para a obtenção dos resultados fica a cargo da contratada. Há, dessa forma, uma considerável minimização de recursos energéticos e materiais, uma vez que todo o processo é otimizado por meio de soluções planejadas e uso estratégico dos produtos por parte da empresa prestadora do bem ou serviço. A extensão da vida do produto também é garantida, pois a contratada faz toda a manutenção necessária, o que contribui para a durabilidade.

Vezzoli et al. (2018) detalham como o PSS orientado ao resultado funciona:

> O conjunto de produtos e serviços é vendido como um serviço completo. A empresa torna-se, assim, motivada a inovar, a fim de minimizar energia consumida no uso e os custos de manutenção. O faturamento é por unidade de serviço e não por unidade de recursos consumidos. O cliente não tem posse e nem opera os produtos para alcançar a satisfação final; ele paga à empresa para fornecer os resultados acordados. Os benefícios do cliente são: ser livre dos problemas e dos custos

envolvidos com a aquisição, o uso, a manutenção e eventual descarte/reciclagem dos equipamentos e produtos. A interação inovadora, entre empresa e cliente, impulsiona o interesse econômico e competitivo da empresa na busca contínua por soluções ambientalmente benéficas, como por exemplo, produtos de longa duração, reutilizáveis e recicláveis. (Vezzoli et al., 2018, p. 73)

EXEMPLIFICANDO

Vezzoli et al. (2018) citam como exemplo a empresa brasileira Atmosfera, que oferece um pacote de produtos e serviços para indústrias, hospitais, hotéis etc. Ela trabalha com vestuário para funcionários, e o pacote fornecido inclui higienização dos uniformes, gestão de rouparia e manutenção de equipamentos de proteção individual (EPIs). Por essa proposta, a Atmosfera evita o descarte e promove a reutilização dos produtos, além de reduzir os custos operacionais de seus clientes. A empresa disponibiliza os serviços de aluguel de roupas protetoras para baixas e altas temperaturas, repelentes a chamas, refletivas, aluminizadas, antiestéticas, entre outras. As roupas são confeccionadas de acordo com as necessidades da contratante.

Assim, quando comparamos as interações inovadoras do PSS com os produtos produzidos e ofertados de forma tradicional, observamos que, no primeiro caso, as empresas têm a possibilidade de elevar seus limites de faturamento, uma vez que esse modelo é mais sofisticado que o tradicional e tem um maior controle das etapas do processo produtivo.

5.3 Potenciais benefícios do PSS

O PSS é um modelo de oferta de produtos e serviços que pode gerar inúmeros benefícios: novas oportunidades de mercado; independência de recursos externos; redução de produção e descarte de bens; melhoria da qualidade de serviços. A consequência desses benefícios incide principalmente no desenvolvimento promissor da sustentabilidade em caráter industrial (Vezzoli et al., 2018).

Para o consumidor, o PSS é um modelo eficaz, pois possibilita a aquisição de um produto-serviço customizado de acordo com suas necessidades individuais e com garantia de qualidade. Há uma maior gama de possibilidades, além da redução de custos e da isenção de responsabilidade com manutenções, reparos etc. Há uma maior flexibilidade nas funcionalidades dos serviços, que podem ser facilmente adequados à realidade do cliente, aumentando sua satisfação. Outra consequência positiva da adoção de modelo PSS é o aumento da produtividade por conta dos altos níveis de desempenho do produto (Vezzoli et al., 2018).

O modelo PSS proporciona à empresa que o adota uma melhor posição estratégica no mercado, pois a torna mais competitiva e agrega valor à marca.

A seguir, elencamos as formas como uma empresa pode alcançar um posicionamento estratégico:

- **Desenvolvimento de um novo mercado**: uma oferta diferenciada de um novo conjunto de produtos e serviços que fornece valor agregado para os clientes quando comparado com a oferta do produto de forma isolada.
- **Aumento da flexibilidade**: por responder de forma mais ágil às mudanças do mercado consumidor, possibilitado pela integração de serviços ao portfólio de produtos.
- **Relação de longo prazo com o cliente**: o PSS exige o fortalecimento da relação empresa/cliente e, dessa forma, obtém-se maior fidelidade do cliente.
- **Melhoria da imagem corporativa**: uma vez que cumpre a responsabilidade e a transparência em relação às questões socioambientais, a empresa inspira confiança.
- **Melhoria de mercado e posicionamento estratégico**: respectivos às exigências e às restrições das leis ambientais presentes e futuras.

A adoção do PSS por uma organização pode ser impulsionada pela análise da perspectiva do cliente, da sociedade, do meio ambiente e do negócio. No Quadro 5.1, a seguir, listamos esses vetores impulsionadores.

Quadro 5.1 – **Vetores impulsionadores**

Sob a perspectiva do CLIENTE
• Diversificação maior dos serviços de manutenção e reparo. • Personalização e maior qualidade de produtos e serviços. • Flexibilização dos serviços, com maior capacidade de adaptação às necessidades do cliente. • Responsabilização do fornecedor por eventuais reparos e manutenção. • Clareza nas informações sobre características ambientais dos produtos.
Sob a perspectiva da SOCIEDADE
• Contribuição na formulação de políticas que promovem padrões mais sustentáveis de consumo. • Desenvolvimento de políticas públicas mais eficientes, voltadas à sustentabilidade. • Promoção de serviços de valor agregado, incentivando a criação de postos de trabalho.
Sob a perspectiva do MEIO AMBIENTE
• Redução de produtos por meio da introdução de cenários alternativos de uso. • Responsabilização dos produtores pelo ciclo de vida do produto. • Incentivo ao retorno do item ao produtor e ao reuso, gerando menos resíduos. • Incentivo ao desenvolvimento de técnicas de desmaterialização.
Sob a perspectiva do NEGÓCIO
• Melhora das relações com os consumidores, por estreitar a comunicação. • Facilidade para agregar maior valor ao produto, uma vez que há um aumento de serviços prestados ao cliente. • Prevenção de problemas relativos à legislação, tornando uma vantagem competitiva. • Diversificação dos serviços oferecidos. • Reserva de mercado, uma vez que serviços são difíceis de copiar. • Facilidade de comunicação de informações do produto-serviço.

Nessa seção, esclarecemos como o modelo do PSS pode ser um grande aliado no desenvolvimento sustentável de organizações. Na próxima seção, trataremos sobre uma ferramenta que pode auxiliar ainda mais no planejamento estratégico e criativo de produtos e serviços.

5.4 Biomimética e sustentabilidade

O termo *biomimética* deriva da combinação das palavras *bios*, que significa "vida", e *mimesis*, que significa "imitar". Dessa forma, biomimética é a ciência que imita a vida, ou seja, consiste no estudo dos fenômenos naturais, verificando como ocorrem, de maneira que possam ser imitados para resolução de problemas cotidianos da sociedade (Gamarano; Dias; Ricaldoni, 2017).

A biomimética é a ciência da sustentabilidade e se caracteriza como uma inovação na obtenção de soluções sustentáveis por meio de projetos que se baseiam nos fenômenos naturais, em como os padrões dos sistemas biológicos acontecem. A análise da natureza proporcionada pela biomimética ressalta a importância da conservação da biodiversidade, que oferece muitas lições a serem, ainda, percebidas e utilizadas pelo ser humano (Gamarano; Dias; Ricaldoni, 2017). A natureza pode servir de inspiração para projetar soluções de problemas cotidianos:

> "O objetivo deste método é criar produtos, processos e políticas de desenvolvimento sustentável inspirados nos modos de vida que estão bem adaptados à vida na Terra durante o longo período de evolução dos seres vivos" (Biomimicry Guild, 2006, tradução nossa).

Diversas pesquisas comprovam que os padrões de consumo e produção do sistema capitalista implementado no mercado atual são insustentáveis a longo prazo e causam diversos e irreversíveis danos ao meio ambiente, uma vez que a biosfera não dispõe de recursos suficientes para manter esse atual padrão socioeconômico- afinal, os recursos são limitados. Foram observados, no decurso dos anos e do desenvolvimento tecnológico, diversos desastres ecológicos agravados pelos padrões comportamentais das sociedades, entre eles podemos citar: mudanças climáticas, desertificação, devastação dos recursos naturais, contaminação da água e do ar, aquecimento global, degelo glacial, acidificação dos oceanos, insegurança alimentar, guerras, pobreza multidimensional etc.

Caso o crescimento do consumo material permaneça no mesmo ritmo, o planeta não comportará as necessidades do homem. É o que afirma a World Wide Found For Nature (WWF, 2014, p. 36, tradução nossa): "Se vivêssemos o estilo de vida de um residente típico dos EUA, precisaríamos 3.9 planetas".

O desenvolvimento sustentável implica em uma mudança comportamental em relação à administração dos recursos naturais. Têm de ser respeitados os limites biológicos e físicos dos ecossistemas, sem comprometer sua restruturação ecossistêmica nem o desenvolvimento digno das gerações futuras. Nesse contexto, os princípios da biomimética são respostas inovadoras que visam justamente proteger o meio ambiente. Para isso, é imprescindível adotar novos hábitos de consumo e produção sustentáveis.

Do ponto de vista da biomimética, a natureza pode ser uma fonte ilimitada de soluções a serem analisadas, reconfiguradas e adequadas à realidade que se desejar. Na natureza, não existem desperdícios e sempre são encontradas formas de aperfeiçoar os materiais e a energia. A complexidade dos fenômenos biológicos e sua capacidade de adaptação às mudanças servem de exemplo para o desenvolvimento de sistemas que atendam à resolução de problemas práticos do dia a dia (Detanico; Teixeira; Silva, 2010).

A biomimética tem como base soluções naturais para os projetos, decodificando geometrias e funcionamentos dos fenômenos da natureza na busca do melhor aproveitamento e do menor gasto de energia (Detanico; Teixeira; Silva, 2010). Nessa perspectiva, pesquisadores observaram alguns pontos gerais e relevantes atinentes aos sistemas da natureza. De acordo com Benyus (2014), a conduta do homem pode ser guiada por nove princípios operacionais básicos visualizados na natureza.

1. A energia solar é a principal fonte energética, pois a natureza trabalha sob a luz solar, utilizando apenas a quantidade de que necessita.
2. Só é utilizada a energia necessária para o equilíbrio do sistema natural, sem perdas de energia.
3. Adaptabilidade é uma de suas características, pois a natureza é um sistema altamente cooperativo; as interações entres seus componentes são sempre maximizadas.
4. Nada se perde; tudo é transformado, tudo é reciclado.
5. A cooperação da natureza é recompensada; afinal, os ecossistemas operam em rede, são interdependentes e se relacionam de maneira benéfica para o equilíbrio do sistema em geral.
6. A diversidade é um fator primordial para o bom funcionamento natural; assim como a natureza, o sistema industrial deve ser flexível para se adaptar às necessidades que surgirem.
7. Não há excessos; tudo o que é utilizado tem um objetivo e uma função específica.
8. A natureza explora os limites do próprio poder; a finitude dos recursos naturais demanda um mecanismo de otimização dos recursos.
9. Apenas tecnologia local é necessária.

Segundo Benyus (2014), a natureza pode ser usada como:

- **Modelo**: por essa abordagem, é feita a reprodução dos modelos dos sistemas e dos processos verificados na natureza, para a resolução de problemas humanos.
- **Medida**: o padrão ecológico é usado para ponderar a validade e a relevância das inovações criadas.
- **Mentor**: nesse método, a preocupação está voltada para como é possível aprender com a natureza e seus fenômenos; trata-se de observá-la e avaliá-la.

Alguns princípios de biomimetismo, segundo Beynus (1997), são:

- Uso de resíduos como fonte de recursos.
- Uso completo do hábitat por meio da cooperação e da diversificação.
- Obtenção eficiente de energia.
- Otimização em lugar de maximização.
- Desmaterialização.
- Minimização da poluição e do uso de recursos.
- Equilíbrio da biosfera.
- Compartilhamento de informações.
- Incentivo ao consumo local.

O biólogo John Todd (2000) escreveu uma lista de princípios que devem nortear o design ecológico (Detanico; Teixeira; Silva, 2010), quais sejam:

- O mundo vivo é a matriz para todo o design.
- O design deve seguir as leis da vida, e não se opor a elas.
- A equidade biológica deve determinar o design.
- O design deve refletir o biorregionalismo.
- O design deve ter como base fontes de energia renováveis.
- O design deve ser sustentável na integração de sistemas vivos.
- O design deve ser coevolucionário com o mundo natural.
- A construção e o design devem ajudar a curar o planeta.
- O design deve seguir uma ecologia sagrada.

Para guiar o design de produtos, existem alguns princípios (Soares, 2008):

- **Cíclico**: os produtos devem constituir ciclos naturais iniciados com matérias-primas que possam se tornar material compostado ou reciclado.
- **Solar**: toda a energia deve ser proveniente de fontes renováveis.
- **Eficiente**: aumento na eficiência do produto acarreta menor impacto ambiental.
- **Segurança**: não devem conter materiais tóxicos.
- **Social**: a fabricação dos produtos deve levar em consideração o caráter social, não podendo incluir exploração de trabalho humano.

A biomimética é uma ferramenta que pode ser utilizada durante o processo de criação de um produto. De acordo com Detanico, Teixeira e Silva (2010), três etapas são fundamentais para o desenvolvimento de projetos segundo os pressupostos da biomimética:

1. **Como explorar um princípio natural**: extrai-se um modelo geométrico com base no princípio natural explorado.
2. **Como revelar um conceito de projeto para a estrutura**: o modelo geométrico é empregado à estrutura móvel conceituada.
3. **Como elaborar esse conceito**: o conceito criado não reproduz exatamente o fenômeno natural no qual foi inspirado, é feita uma adaptação deste último.

Dessa forma, a biomimética é uma ferramenta alternativa que pode ser utilizada em diversos projetos. Inicialmente, deve-se identificar os detalhes daquilo que se pretende construir. É necessário coletar e definir os objetivos do projeto, o público que será atingido. Além disso, é preciso detectar os problemas que têm de ser solucionados e como a solução deve ser aplicada.

Em seguida, é recomendável analisar o projeto sob a perspectiva dos fenômenos da natureza, ou seja, devem-se buscar analogias com fenômenos naturais. Para isso, é imprescindível conhecer todos os aspectos que circundam o ambiente em questão (condições climáticas, nutricionais, sociais e temporais). É necessário, ainda, perguntar como a natureza realiza/realizaria tal função. Partindo desse questionamento, é possível explorar os modelos da natureza que aparentam corresponder às soluções para os desafios apresentados no projeto.

Após encontrar a possível solução, o projetista desenvolve as ideias formuladas para aplicá-las no projeto. Ao fim, avalia-se as soluções encontradas fazendo perguntas apropriadas e questionando suas soluções para identificar formas mais sofisticadas para continuar desenvolvendo e refinando a ideia (Meira, 2008).

Os princípios da biomimética podem ser aplicadas nas mais diversas áreas de atuação do design. Na moda, por exemplo, os elementos da natureza servem de inspiração para a produção de tecidos, aviamentos, formas, entre diversas outras coisas.

No design de interiores também é possível aplicar os conceitos de biomimética. Um exemplo é o trabalho desenvolvido pela designer Lilian Van Daal. Ela aliou o uso de impressora 3D e pressupostos biomiméticos para a produção de móveis estofados e confeccionou uma cadeira de plástico com assento flexível e base rígida baseando-se nas variações de rigidez das zonas da estrutura da cadeira nas estruturas celulares de plantas.

CURIOSIDADE

A seguir, listamos alguns exemplos de variadas soluções encontradas a partir de conceitos de biomimética.

Células solares

Com base nas folhas de um gramado, pesquisadores da Universidade Estadual da Carolina do Norte, nos Estados Unidos, criaram folhas artificiais que funcionam como células solares, capazes de transformar energia solar em eletricidade (Romanzoti, 2010).

Cerâmica com maior dureza

Cientistas do Laboratório Nacional de Lawrence Berkeley, nos Estados Unidos, criaram uma cerâmica com maior dureza com base na organização estrutural das ligações iônicas da madrepérola (Inovação Tecnológica, 2008).

Janelas com base em teias de aranha

A empresa alemã Arnold Glas desenvolveu chapas de vidro para janelas de prédios com base nas teias de aranha, com o objetivo de evitar as colisões dos pássaros com as janelas dos edifícios. A chapa utiliza revestimento de luz ultravioleta reflexivo distribuídos de acordo com a estrutura das teias de aranha. A luz UV é visível para os pássaros e faz com que eles desviem das janelas (Ecycle, 2013).

Edifício sem ar-condicionado

Eastgate Centre, no Zimbábue, é um edifício comercial construído sem sistema de ar-condicionado. Em vez disso, inspirado nos cupinzeiros africanos, o prédio é capaz de regular naturalmente a temperatura interna (Going Green Brasil, 2018).

Hotel com ventilação natural

Localizado na bela Praia de Algodões, em Maraú, na Bahia, o Votu Hotel é um projeto em desenvolvimento que teve como base a forma como o cão-da-pradaria constrói suas tocas para criar um sistema de ventilação natural e constante (GCP, 2021).

Museu com telhado gerador de energia

O Museu do Amanhã, no Rio de Janeiro, foi construído com base no processo de fotossíntese: ele tem uma cobertura que acompanha o movimento do sol para obter iluminação natural, captando as energias pelas células fotovoltaicas (Pensamento Verde, 2017).

Carro biônico

A Mercedes-Benz, empresa do ramo automobilístico, inspirou-se no peixe-cofre para projetar o carro biônico. As linhas fluidas do peixe foram integradas ao carro, o que possibilitou uma mudança na resistência aerodinâmica do carro, deixando-o mais veloz (Usado Fácil, 2005)

No próximo capítulo, abordaremos os desafios do novo modelo industrial que está, aos poucos, sendo implantado e sua relação com o desenvolvimento sustentável.

NABODIN/Shutterstock

CAPÍTULO 6

SUSTENTABILIDADE E PERSPECTIVAS FUTURAS NO PROCESSO PRODUTIVO

No capítulo anterior, versamos sobre os principais desafios que as empresas enfrentam e as vantagens proporcionadas pela implantação de uma política empresarial sustentável, o sistema produto-serviço (PSS) e os conceitos da biomimética.

Comentaremos ao longo deste capítulo a organização atual das empresas, as perspectivas futuras para o arranjo dos processos de produção com a inserção dos mecanismos de digitalização no meio industrial e a união com os conceitos de desenvolvimento sustentável.

6.1 População mundial, modelo de consumo e produção atual

O crescimento populacional está diretamente relacionado ao aumento da exploração dos recursos naturais, isso torna necessário o controle das práticas de consumo, a produção industrial para a preservação do meio ambiente e a garantia de recursos para essa geração e para as gerações futuras.

> O impacto humano sobre o planeta é o fator do número da população; da parcela de consumo de cada indivíduo; e da tecnologia empregada na produção de bens e serviços. Como a taxa de natalidade e mortalidade mundial não são passíveis de controle, todo o processo planejado de mudança deverá estar pautado na prática de um consumo consciente e na produção sustentável, além da própria proteção e recuperação do meio ambiente. (WWF, citado por Cavalcanti Filho; Cartaxo, 2015, p. 4)

Nesse contexto, a população mundial atual é de cerca de 7,7 bilhões de habitantes, sendo que cerca de 54% se concentram na zona urbana. No Brasil, o percentual sobe para 84,36% da população, segundo o Censo 2010 (IBGE, 2010). Estima-se que, se o crescimento populacional e a concentração urbana mantiverem-se no ritmo atual, em 2050, de acordo com dados da Organização das Nações Unidas (ONU), haverá 9,7 bilhões de habitantes na Terra. Isso representaria um aumento de cerca de 26% em relação ao cenário hodierno. Caso o crescimento urbano seja proporcional ao crescimento populacional, estima-se que a zona urbana será composta de mais de 6 bilhões de habitantes, o que equivale a aproximadamente 66%.

Tendo por base a população mundial estimada para os próximos 30 anos, percebemos que, paralelamente ao aumento populacional, há um aumento do consumo de alimentos, vestuário, meios de transporte, iluminação e recursos energéticos etc. Para atender a todas essas necessidades da sociedade, será necessário explorar ainda mais os recursos naturais. Com isso, mineração, agricultura, construções, transportes, geração de energia, entre outros, serão recursos ainda mais solicitados. No entanto, como bem se sabe, os recursos naturais não são ilimitados.

Nesse contexto, segundo Barbosa (2008) e Ferreira (1998), o modelo de consumo e produção atuais estão diretamente relacionados ao crescimento desordenado da população nas cidades, ou seja, na zona urbana, uma vez que o desenvolvimento está diretamente associado à vida nas cidades. "O padrão de produção e consumo que caracteriza o atual estilo de desenvolvimento tende a consolidar-se no espaço das cidades e estas se tornam cada vez mais o foco principal na definição de estratégias e políticas de desenvolvimento" (Ferreira, 1998, p. 32).

Tendo como base as informações apresentadas anteriormente, observamos que o modelo globalizado de produção e consumo vigente é insustentável a longo prazo. Além de demandar uma intensa exploração de recursos de todos os tipos, esse modelo requer atividades e processos que causam um enorme impacto no solo, na água e na atmosfera, além de gerar grandes volumes de resíduos. O aumento da pressão sobre os ecossistemas remanescentes, em razão da ampliação das atividades econômicas, pode acelerar sua destruição irreversível, tendo em vista que muitas espécies naturais correm risco de extinção.

A mudança de hábitos e de atitudes que objetiva a redução do impacto ambiental e a preservação dos recursos naturais se tornou uma premissa competitiva no mercado atual. A adoção de costumes ambientalmente conscientes está se tornando cada vez mais comum por parte das pessoas, individualmente, e também no âmbito de grandes empresas e indústrias, em que os impactos são de ampla proporção e interferem tanto em nível local quanto global.

Segundo Barbosa (2008), com base na Comissão Mundial do Meio Ambiente e Desenvolvimento, o desenvolvimento sustentável relacionado ao processo de crescimento das cidades tem por meta: o uso racional dos recursos naturais por meio do crescimento renovável, da mudança da qualidade do crescimento, da satisfação da demanda por recursos básicos como água, energia, alimento, empregos, saneamento, da conservação e proteção dos recursos, entre outros objetivos incorporados às atividades produtivas.

O alto consumo de recursos naturais, minerais e financeiros, necessários para atender à demanda da produção das empresas, intensifica as proporções dos impactos causados ao meio ambiente. Esses fatores aumentam a responsabilidade das empresas no que se refere à sustentabilidade. A aplicação da sustentabilidade no meio industrial é primordial para a garantia de recursos para as gerações futuras (Barbosa, 2008; Amaro, 2012; Cavalcanti Filho; Cartaxo, 2015; Sales et al., 2017).

Desde a Conferência Eco-92, ficou estabelecido que as empresas deveriam contribuir para o desenvolvimento sustentável no mundo, formulando e implantando métodos para o fornecimento de seus produtos a preços competitivos, ao mesmo tempo que fossem capazes de suprir as necessidades do mercado, de forma a reduzir os efeitos negativos causados ao meio ambiente (Barbosa, 2008; Amaro, 2012; Cavalcanti Filho; Cartaxo, 2015; Sales et al., 2017).

CURIOSIDADE

Em 2012, o Governo Federal do Brasil divulgou o Plano de Ação para Produção e Consumo Sustentáveis (PPCS). Esse plano político visava ao desenvolvimento da sustentabilidade nas práticas sociais e serviu como incentivador para a aplicação do desenvolvimento sustentável no mundo (Brasil, 2021). O plano abordou os seguintes temas básicos:

- educação da sociedade para práticas de consumo mais sustentável;
- incentivo de compras públicas sustentáveis, as quais seriam estimuladas por meio de incentivos tributários;

- adoção de agendas ambientais na administração pública;
- inovação e difusão de tecnologias em ecodesign e ecoeficiência;
- aumento de reciclagem de resíduos sólidos e menor geração e uso de energia;
- adoção de critérios da sustentabilidade na oferta de crédito e financiamento nos setores varejista, de construção civil, da agricultura e do agronegócio;
- rotulagem ambiental, de forma a destacar o ciclo de vida dos produtos e serviços;
- desenvolvimento de indicadores da sustentabilidade;
- incentivo à criação de negócios com maior inclusão social e menor impacto ambiental;
- integração de políticas de desenvolvimento sustentável e articulação nacional.

O sistema de produção, ao mesmo tempo em que produz, deve reproduzir suas condições de produção para se perpetuar. Daí a necessidade de processos e sistemas que viabilizem a produção segura, com mínimo impacto ambiental possível, que vise o benefício social e que seja economicamente viável. Afinal, essa é a forma mais eficaz para garantir qualidade de vida para a sociedade atual de forma que não seja comprometida a sobrevivência e a qualidade de vida das futuras gerações. Esses processos e sistemas caracterizam a produção sustentável.

Na sequência, abordaremos a evolução da indústria ao longo da história e detalharemos o modelo industrial atual.

6.2 Perspectivas futuras do processo produtivo

As organizações que têm a capacidade de modular seus processos produtivos de forma a explorar ao máximo as potencialidades de todas as etapas envolvidas, otimizando os resultados obtidos, estão voltadas para o futuro.

A Primeira Revolução Industrial, que aconteceu no século XVIII, na Inglaterra, caracterizou-se pela invenção das máquinas a vapor e por sua utilização na indústria têxtil (fios e tecidos). Entre os séculos XIX e XX, houve significativos avanços tecnológicos, produção de novas máquinas, novos produtos, como automóvel, telefone, aparelho televisor, rádio e avião. Nesse período passou-se a utilizar a energia elétrica e foram desenvolvidos processos com linha de montagem. Essa fase ficou conhecida como a Segunda Revolução Industrial. Já a Terceira Revolução Industrial aconteceu após a Segunda Guerra Mundial. Nesse momento, a economia mundial passou por diversas transformações, decorrentes da integração física entre ciência e produção, denominada *revolução tecnológica e científica*. Essa evolução está esquematizada na Figura 6.1, a seguir.

Figura 6.1 – **Evolução da indústria até o cenário atual**

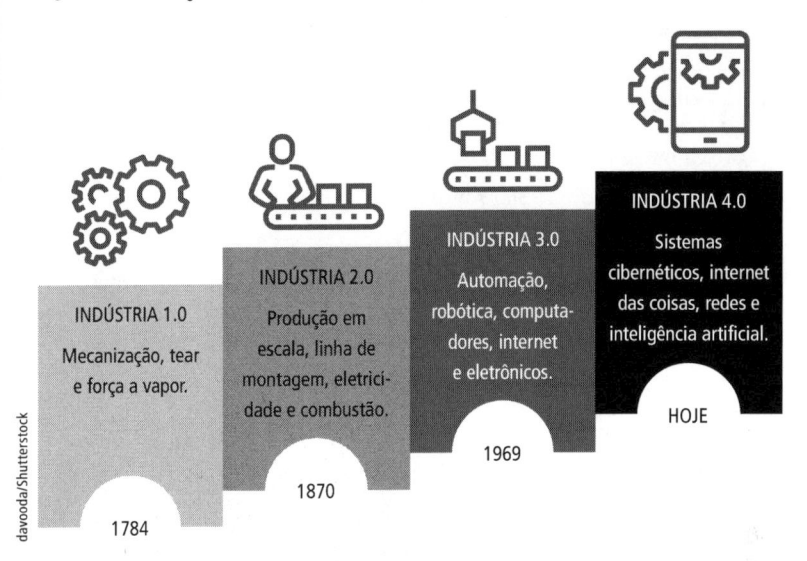

INDÚSTRIA 1.0
Mecanização, tear e força a vapor.
1784

INDÚSTRIA 2.0
Produção em escala, linha de montagem, eletricidade e combustão.
1870

INDÚSTRIA 3.0
Automação, robótica, computadores, internet e eletrônicos.
1969

INDÚSTRIA 4.0
Sistemas cibernéticos, internet das coisas, redes e inteligência artificial.
HOJE

davooda/Shutterstock

Após as Revoluções Industriais, mudanças significativas ocorreram na sociedade, consequência do avanço tecnológico resultante. Mais recentemente, em 2011, surgiu na Alemanha o termo *Indústria 4.0* para nomear o projeto do governo alemão que visava à elaboração de estratégias e a soluções tecnológicas para assegurar a competitividade da sua indústria no longo prazo. A Indústria 4.0 ou Quarta Revolução Industrial fundamenta uma nova perspectiva para os sistemas de produção. A produção agora tem como base a automatização e a digitalização. Em outras palavras, a evolução dos sistemas industriais está acontecendo, atualmente, por meio da Industria 4.0 (Tartarotti; Sirtori; Larentis, 2018; Santos, 2018).

A Quarta Revolução Industrial tem impacto mais profundo e exponencial por meio da união do mundo físico, biológico e digital. As três primeiras revoluções industriais originaram a produção em massa, as linhas de montagem, a eletricidade e a tecnologia da informação, elevando a renda dos trabalhadores e fazendo da competição tecnológica o cerne do desenvolvimento econômico.

A tecnologia está evoluindo em um fluxo constante e crescente. As ferramentas tecnológicas reduzem as distâncias, por meio da globalização, e os processos estão sendo sempre refinados. O comportamento da sociedade é transformado na mesma medida em que se tem acesso à informação (Tartarotti; Sirtori; Larentis, 2018; Santos, 2018). Nesse contexto, o sucesso futuro das empresas consiste em aperfeiçoar constantemente sua cadeia produtiva, desenvolvendo seus produtos e serviços com base no comportamento da sociedade, acompanhando suas mudanças e exigências; isso é o que afirma o Conselho Empresarial Brasileiro para Desenvolvimento Sustentável (CEBDS, 2015, p. 12): "A longevidade das organizações exige que seu desenvolvimento seja sustentável e a nova sociedade exige inovação. Adotar o olhar da sustentabilidade nos departamentos vinculados à Inovação torna-se, então, uma questão de sobrevivência".

Como forma de suprir as necessidades da sociedade atual, as empresas precisam se reinventar para se manter competitivas. Nesse sentido, devem inovar, e isso demanda aliar o desenvolvimento tecnológico e o desenvolvimento sustentável em sua cadeia produtiva.

De acordo com dados da ONU, até 2100 o planeta poderá sofrer um aumento de 3 °C a 5 °C na temperatura, e isso pode gerar diversos desastres naturais, além de escassez de matérias-primas.

Por consequência, a economia mundial pode ser afetada diretamente, comprometendo também a qualidade de vida da sociedade. O meio industrial tem, portanto, papel fundamental na remediação e na prevenção desses fenômenos, as práticas organizacionais que se tornam sustentáveis tendem a demonstrar respeito ao meio ambiente, resultando em preservação dos recursos e prolongando, assim, suas fontes no meio ambiente, o que pode resultar na extensão do equilíbrio ambiental (Tartarotti; Sirtori; Larentis, 2018; Santos, 2018).

Qualquer que seja a medida tomada, da mais simplória à mais complexa, trará benefícios para toda a população e o planeta. Dessa forma, observamos que toda e qualquer ação que seja tomada servirá para o prolongamento da preservação do meio ambiente; assim, não são apenas as ações de grandes instituições, mas também os gestos individuais de cada habitante do planeta Terra contribuirão para a diminuição do impacto ambiental.

Na seção a seguir, exporemos os conceitos gerais que caracterizam a Indústria 4.0.

6.3 Indústria 4.0

Conforme declaramos há pouco, o termo *Indústria 4.0* foi cunhado no contexto de um projeto do governo da Alemanha para desenvolvimento de fábricas inteligentes, com intuito de aumentar a competitividade dessas empresas no mercado. O projeto se sustentava na ideia de que a cadeia produtiva deveria estar toda interligada mediante a conexão de maquinário, sistemas e ativos, de forma que pudessem ser controladas autonomamente. De maneira geral, a intervenção da atividade humana durante a execução de todo o processo de produção seria irrelevante (Tartarotti; Sirtori; Larentis, 2018; Santos, 2018).

No modelo de Indústria 4.0, há um enfoque na interação entre processos físicos de produção, rede e computadores ou sistema ciberfísico (CSF, do inglês *cyber-physical system*). A proposta é que os processos industriais sejam comandados autonomamente de forma virtual por meio de redes de computadores, o que possibilita a descentralização dos processos. A esse respeito assim se posicionam Ang et al., citados por Tartarotti, Sirtori e Larentis (2018):

> A união entre o mundo real e espaço virtual proposta pela quarta revolução industrial permitiria alcançar a máxima autonomia e eficiência, por meio da mudança do paradigma da produção "centralizada" para "descentralizada", uma inversão da lógica do processo de produção até então. Considerando essas premissas a Indústria 4.0 poderia ser resumida como uma rede colaborativa que combina componentes tecnológicos habilitadores.

Nos moldes da Quarta Revolução Industrial: há a informatização da manufatura (transformação de matéria-prima em produto com valor agregado); as empresas apresentarão uma série de processos inteligentes sob o comando de computadores; haverá maior flexibilidade, dinamismo e agilidade. Nesse contexto, os produtos e os serviços serão desenvolvidos por máquinas inteligentes, que maximizarão a eficiência de todos os procedimentos com maior precisão em um menor tempo, com resultados que tendem a ser mais promissores buscando atender consumidores cada vez mais exigentes (Tartarotti; Sirtori; Larentis, 2018; Santos, 2018).

Mais especificamente, a Quarta Revolução Industrial busca a inserção de inovações tecnológicas relativas a controle e automação, específicas e direcionadas para a otimização dos processos industriais que envolvem a manufatura como um todo. O propósito é potencializar cada etapa ao máximo e obter cada vez mais lucro, mediante: aumento da produtividade de produção industrial; crescimento e aumento da capacidade competitiva; desenvolvimento de novos modelos de negócio-serviços-produtos; redução de recursos energéticos e materiais, custos de operação; e melhoria da qualidade propiciada pela redução das falhas ao longo do processo (Tartarotti; Sirtori; Larentis, 2018; Santos, 2018).

De acordo com Bahrin et al. (2016), há uma superioridade dos produtos e serviços oferecidos pela empresa devido à eficiência dos equipamentos da Indústria 4.0: "Nessa abordagem, as máquinas usam auto-otimização, autoconfiguração e até mesmo inteligência artificial para completar tarefas complexas, a fim de proporcionar eficiências de custo muito superiores e bens ou serviços de melhor qualidade".

A implantação dos princípios e das tecnologias viabilizadas pela Quarta Revolução Industrial altera o modelo de eficiência operacional da empresa. O modelo de ganho em escala, utilizado atualmente, deixa de vigorar com tanto destaque e abre espaço para o atendimento personalizado, por meio do qual a empresa conhece e entende mais profundamente a demanda de seus consumidores. Essa nova maneira de organizar o sistema de produção possibilita o refinamento do processo de fabricação, eliminando as ineficiências e otimizando os recursos (Tartarotti; Sirtori; Larentis, 2018; Santos, 2018).

A Indústria 4.0 configura o agregado de tecnologias que produzem e controlam um ambiente virtual ligado ao ambiente real, físico, com a finalidade de propiciar agilidade e precisão às tomadas de decisão, sob a perspectiva do julgamento humano ou das máquinas.

Para tornar a Indústria 4.0 uma realidade, será necessária a adequação gradual de um conjunto de ferramentas da Tecnologia da Informação (TI) e da automação industrial. Essas ferramentas contribuirão para a formulação de um sistema de produção físico e cibernético. As informações serão digitais e a comunicação será feita por meio de sistemas digitais que interligarão virtualmente pessoas, produtos e máquinas (Tartarotti; Sirtori; Larentis, 2018; Santos, 2018).

As tecnologias envolvidas em todo esse processo de fusão entre o mundo físico, o digital e o biológico são os pilares da Indústria 4.0, quais sejam:

- manufatura aditiva;
- internet das coisas (IoT);
- biologia sintética;
- sistemas ciberfísicos (CPS);
- inteligência artificial (IA);
- *Big Data*;
- segurança;
- computação em nuvem.

A seguir apresentaremos com mais detalhes cada um dos pilares da Indústria 4.0, de acordo com Tartarotti, Sirtori e Larentis (2018) e Santos (2018).

Manufatura aditiva ou impressão 3D

A manufatura aditiva tem como base a confecção diversificada de objetos com formatos e geometrias variadas e complexas, projetadas em um *software*; nesse contexto, o design determina a produção. A modelagem 3D é direcionada para um equipamento que faz a impressão da peça. Dessa forma, por meio da impressão 3D, mostrada na Figura 6.2, novas soluções podem ser fornecidas para a fabricação em lotes exclusivos e personalizados de produtos. A flexibilidade que essa tecnologia oferece, facilita e possibilita o controle de material, volume, custos e tempo de produção.

Figura 6.2 – **Processo de impressão 3D**

Internet das Coisas

Internet das coisas (IoT, de *Internet of Things*) é a denominação atribuída à comunicação estabelecida de forma virtual entre pessoas, máquinas, produtos e sistemas que estão envolvidos no processo produtivo.

Biologia sintética

A biologia sintética diz respeito às tecnologias na área da química, física, biologia, ciência da computação e engenharia que convergem para a projeção e a construção de componentes biológicos como enzimas, células, circuitos genéticos, entre outros.

Sistemas ciberfísicos

Por meio do sistemas ciberfísicos (CPS, do inglês *cyber-physical system*), todos os processos físicos que acontecem em uma indústria são transformados em dados digitais. Em outros termos, todo e qualquer procedimento que ocorre durante o processo de produção é organizado em forma de dados digitais e inserido nos sistemas de comunicação computacional da empresa.

Inteligência artificial

A inteligência artificial (IA) faz uso dos meios computacionais para simular o comportamento e a capacidade de raciocínio humano. A ideia é que os equipamentos sejam capazes de analisar dados e processos, tomar decisões e resolver problemas de forma autônoma, mas direcionada de acordo com as necessidades e os objetivos da empresa.

Big Data

Big Data é a expressão que caracteriza a enorme quantidade de dados manipulados atualmente na rede. Essas informações permitem o controle eficiente das máquinas. Por meio de algoritmos, é possível organizar e sistematizar os dados na rede para desempenharem as funções necessárias.

Segurança

Em meio à enorme troca de informações de maneira virtual, há a preocupação com a segurança de todos os dados da empresa, dos sistemas de informação e com a prevenção de interferências na comunicação entre máquinas.

Computação em nuvem

Sustenta-se no princípio do compartilhamento em tempo real de informações por meio da conexão de servidores interligados via internet. Assim, todos os dados são disponibilizados para todos os segmentos da empresa, para que todos os equipamentos estejam sincronizados em todo o funcionamento.

Há alguns princípios que norteiam e caracterizam a Quarta Revolução Industrial; vale listá-los:

- **Tempo real**: os dados são coletados e manipulados instantaneamente.
- **Virtualização**: o uso de sensores na planta de uma fábrica auxilia na digitalização de todo o processo produtivo, possibilitando o monitoramento remoto de todas as etapas do processo.

- **Descentralização**: a autonomia viabilizada aos equipamentos os torna capazes de se autoajustar e tomar decisões para as mais diversas situações em benefício dos processos, emitindo relatórios em tempo real acerca de todo o trabalho realizado.
- **Orientação a serviços**: os *softwares* são ajustados para disponibilizar soluções em forma de serviços.
- **Modularidade**: módulos são acoplados e desacoplados de acordo com a demanda, ou seja, há flexibilidade de adaptação às mudanças de condições; os módulos podem ser condicionados de acordo com as flutuações sazonais ou com as mudanças das propriedades dos produtos.
- **Interoperabilidade**: máquinas e sistemas estão interconectados e trabalham em conjunto (Tartarotti; Sirtori; Larentis, 2018; Santos, 2018).

Assim, na Indústria 4.0, todas as informações que integram o processo produtivo da empresa são sincronizadas em tempo real para que os equipamentos funcionem de maneira contínua e em conjunto. Cada etapa pode ser monitorada virtualmente pelos operadores, mas nenhuma interferência direta precisa ser realizada, apenas em casos extremos de manutenção ou falhas no sistema. É possível desenvolver produtos personalizados sem perda de eficiência e sem interrupções do processo geral, pois os equipamentos se adequam à estrutura correta para determinado momento.

6.4 Indústria 4.0 e sustentabilidade

A sustentabilidade, como vimos reiterando ao longo deste livro, é um fator estratégico para a garantia do equilíbrio ambiental, das fontes de recursos utilizados na indústria e, por consequência, da qualidade de vida desta geração e das futuras (Andrade et al., 2018; Santos et al., 2018; Sanches; Carvalho; Gomes, 2019).

As empresas desempenham papel fundamental para a implantação de um sistema de produção e consumo sustentável e, por isso, muitas têm ajustado suas estratégias com intuito de incluir atitudes que permitam a operacionalização para aumento na produtividade e para o desenvolvimento sustentável nos setores econômico, ambiental e social.

A Indústria 4.0 pode ser uma boa ferramenta para o desenvolvimento sustentável:

> A Sustentabilidade se refere ao esforço de minimizar os impactos negativos nas relações ambiental, social e econômica, e se atém às questões de alteração do clima, poluição e utilização dos recursos sem restrições. A Indústria 4.0 é a combinação de máquinas inteligentes, produção, processos e sistemas que formam uma rede sofisticada interconectada. Além disso, enfatiza a ideia da coerência, digitalização e ligação de todas as unidades produtivas em uma economia, criando a virtualização do mundo real em um grande sistema de informação. (Sarkis, 2001, citado por Palma et al., 2017, p. 1)

As exigências concernentes ao desenvolvimento sustentável estão cada vez mais rigorosas. As organizações e os *stakeholders* que buscam desenvolver a sustentabilidade em seus processos produtivos estão cada vez mais dedicados em potencializar sua capacidade produtiva alinhada a essa ótica, buscando a competitividade (Andrade, 2018).

Nesse cenário, o modelo de desenvolvimento sustentável atualmente implementado nas empresas visa otimizar os recursos utilizados, estendendo a durabilidade e o ciclo de vida do produto por meio de diversas técnicas e ferramentas. No entanto, ainda existem diversas limitações que precisam ser contornadas.

Nos últimos anos, foi possível observar o significativo desenvolvimento produtivo das indústrias viabilizado pela incorporação de equipamentos automatizados e pela melhoria dos sistemas de informação. Entretanto, a deficiência da comunicação entre o sistema de gestão da empresa e o chão de fábrica dificulta consideravelmente o processo de tomada de decisão quando algum problema acontece, causando diversos atrasos (Andrade et al., 2018; Santos et al., 2018; Sanches; Carvalho; Gomes, 2019).

Pesquisas sugerem que os indicativos para inovação da Indústria 4.0 estão atrelados aos desafios da sustentabilidade. Combinar essas duas tendências pode gerar resultados grandiosos.

Com o advento da Indústria 4.0, a interligação apropriada dos processos favorece o atingimento de resultados mais eficientes, contribuindo para o desenvolvimento de um cenário cada vez mais sustentável no âmbito industrial. O uso das tecnologias possibilita a integração estruturada das informações referentes a todas as etapas do processo em tempo real, o que resulta em tomadas de decisões mais ágeis, eficazes e atualizadas continuamente de acordo com as demandas e as oscilações do mercado. Como consequência, os produtos e os serviços atingem um nível mais alto de qualidade, os desperdícios são reduzidos, o que acarreta diminuição de custos, satisfação de clientes e aumento de lucros (Andrade et al., 2018; Santos et al., 2018; Sanches; Carvalho; Gomes, 2019).

O desenvolvimento sustentável, conforme temos demonstrado, tem como base três princípios que, em conjunto, devem ser desenvolvidos: (1) a economia, por meio do aumento dos lucros, da capacidade de geração de empregos, redução de custos etc.; (2) a proteção ambiental, respeitando o equilíbrio do meio ambiente, reduzindo consumo de materiais energéticos, emissão de poluentes etc.; (3) a questão social, oferecendo melhores condições de trabalho, responsabilidade social e outros.

A Indústria 4.0 promete ser um modelo positivo para a promoção desses princípios. As soluções sustentáveis, nos mais diversos níveis da cadeia de valor de um produto, tendem a ser otimizadas mediante a melhoria contínua dos produtos, dos processos e do comportamento dos funcionários perante o manuseio de todos os sistemas (Andrade et al., 2018; Santos et al., 2018; Sanches; Carvalho; Gomes, 2019).

A Quarta Revolução Industrial não só estimula o processo de reindustrialização e competitividade industrial, mas também contribui para o aumento de produtividade e lucros, com base na redução de ciclos de tempo de mercado de um produto (*time-to-market*), bem como no uso eficiente dos recursos energéticos e materiais.

Os pilares da Indústria 4.0, apresentados na seção anterior, são as tecnologias que, agregadas, proporcionam velocidade, flexibilidade e eficiência às linhas de produção. O processo como um todo pode ser alterado e orientado a dado tipo de serviço personalizado, e todo esse procedimento ocorre em tempo real de forma segura e precisa, viabilizado por virtualização, modularidade, interoperabilidade e sistemas ciberfísicos (Andrade et al., 2018; Santos et al., 2018; Sanches; Carvalho; Gomes, 2019).

Nesse contexto, veremos resumidamente como cada pressuposto da Indústria 4.0 é capaz de contribuir para o desenvolvimento sustentável.

- Por conta da integração vertical e horizontal de todos os sistemas da empresa, os sistemas físicos cibernéticos viabilizam a visão global de todos os procedimentos que ocorrem no sistema produtivo de toda a empresa. Essa visão geral permite acompanhar detalhadamente o ciclo de vida de um produto e incorporar os ajustes necessários de maneira a reduzir a energia e o tempo de produção.
- A internet das coisas cria uma rede inteligente que comporta todo o ciclo de vida do produto com todo o sistema, equipamentos e colaboradores da empresa. Isso permite controlar remotamente os objetos.
- O *Big Data* é utilizado por intermédio de algoritmos que permitem o manuseio dos dados de forma a gerar relatórios estatísticos de todos os processos, fornecendo previsões precisas com as informações que são coletadas por meio do sensoriamento e do monitoramento de todo o trabalho desenvolvido. São contabilizados, por exemplo, os alertas para a realização de manutenção, o histórico de interrupções do processo etc. Com esses relatórios, é possível reduzir defeitos e atrasos, resultando na redução de consumo energético e da perda de matéria-prima.

- O armazenamento de dados na nuvem permite à empresa utilizar o serviço virtual de análise em tempo real do processo e da elaboração de soluções, possibilitando o processo de tomadas de decisão em função das demandas do momento. Isso reduz, por exemplo, o volume de recursos utilizados, o volume de produção, os custos etc.
- A flexibilidade da manufatura aditiva facilita o controle da quantidade de material, o volume, os custos e o tempo de produção.
- A execução do trabalho de forma conectada entre todos os sistemas da empresa, por meio da interoperabilidade, auxilia no uso inteligente de matéria-prima e outros recursos. Os equipamentos, em conjunto, são capazes de decidir a melhor maneira de produzir o produto, de forma que ele atinja as expectativas do consumidor, obtenha as propriedades finais desejadas e, em paralelo, implemente as configurações no sistema que orientem uma produção com o mínimo de desperdícios possível, por meio da escolha correta do material e da quantidade necessária, da diminuição de erros e produção de rejeitos. A abordagem de interoperabilidade é capaz de otimizar o processo como um todo.
- A capacidade de modularidade das máquinas em tempo real de execução do processo de produção facilita os processos envolvidos na manufatura, na engenharia e na gerência do ciclo de vida e cadeia de suprimentos. Isso resulta em economia de recursos e energia, e a modularidade permite realizar alterações dos parâmetros do processo durante a execução das etapas à medida que o equipamento perceber que mudanças são necessárias.
- As máquinas se adequam automaticamente aos processos e controlam a qualidade do produto operando todo o processo em

tempo real. Isso minimiza falhas e desperdício de matéria-prima e energia.

- A descentralização permite a adequação autônoma dos equipamentos em momentos críticos, os quais são programados para escolher os procedimentos mais eficientes diante de diversas ocorrências que podem surgir.
- As fábricas inteligentes executam o processo produtivo direcionando os procedimentos para o produto do cliente. A manufatura aditiva permite o desenvolvimento dos produtos de forma pontual e rentável, possibilitando alterações durante o processo.

A virtualização facilita o projeto do produto, o cliente pode definir e redefini-lo até que atenda às expectativas de forma eficaz, por meio de simulações em *software* (Andrade et al., 2018; Santos et al., 2018; Sanches; Carvalho; Gomes, 2019).

EXEMPLIFICANDO

A pesquisa realizada por Mendes, Franz e Campos (2017) analisou as iniciativas da empresa Volkswagen do Brasil que têm como base a Indústria 4.0. O autor concluiu que a incorporação das tecnologias resultou na diminuição dos custos da fábrica e aumentou a competitividade da empresa no setor. A adoção da Indústria 4.0 foi vantajosa e gerou bons resultados para a empresa:

> A Volkswagen do Brasil vem demonstrando ser pioneira com os níveis avançados de virtualidade e integração, por estar à frente no desenvolvimento de capacidades de operação digital e por ter realizado investimentos

precoces na Indústria 4.0. Empresas pioneiras alcançam desempenho inovador e estratégico ao entender as necessidades dos consumidores e utilizar tecnologias digitais para criar e fornecer valor ao cliente em uma solução inovadora e integrada. Trata-se, desse modo, de desenvolver soluções de produtos e serviços completos para os seus clientes. Para isso, a cultura de transformação deve ser altamente colaborativa e ultrapassar os limites da empresa, envolvendo parceiros e clientes. (Mendes; Franz; Campos, 2017, p. 23)

Entre as tecnologias utilizadas na produção dos veículos estão:

- A produção dos veículos é realizada por meio de uma TAG RFID, dispositivo que é acoplado ao veículo durante o processo de produção. Ao ser transferido de uma etapa a outra da produção, são transmitidos dados do carro via radiofrequência, identificando-o por todo o ciclo de produção.
- A medição dos veículos é realizada por meio de um dispositivo *laser*, equipamento que faz uma varredura ao longo de todo o produto, conferindo a geometria das peças e certificando a padronização das medidas.
- O veículo é transportado automaticamente por meio do *Automatic Guide Vehicle* ou Guia Automático do Veículo. O transportador de materiais que direciona o carro é um componente controlado por um computador de bordo.
- A fábrica é toda integrada de maneira digital, por *softwares* computacionais que simulam virtualmente os processos produtivos antes de suas implantações.

- A impressão 3D na fábrica é utilizada para a prototipagem de peças de veículos. A peças do projeto são materializadas com os ajustes geométricos e design compatíveis com o projeto. Os engenheiros fazem a análise da peça e desenvolvem os testes de compatibilidade da peça com o projeto.

O desenvolvimento sustentável pode ser incorporado de maneira mais eficiente com o auxílio da Indústria 4.0. Essa revolução industrial disponibiliza ferramentas que permitem o controle mais rigoroso dos parâmetros envolvidos no processo de produção, como quantidades de matérias-primas, produção de resíduos, gasto energético, tempo de produção, entre diversos outros. No entanto, existem muitos desafios a serem superados, como especificaremos na seção a seguir.

6.5 Desafios da Indústria 4.0

Diversos são os benefícios da indústria, mas a implantação desse modelo ainda apresenta grandes desafios. Existe a necessidade de um grande investimento em pesquisa por parte da empresa, e a implantação requer profissionais capacitados, detentores de conhecimentos multidisciplinares, que consigam entender e gerir os componentes da indústria inteligente de acordo com a área de atuação da empresa em questão. Seguindo esse pensamento, de acordo com Santos et al. (2018), dentre os maiores desafios para incluir a Indústria 4.0 na estratégia de negócio de uma empresa estão:

- a segurança dos dados e a proteção dos sistemas digitais da empresa;
- a padronização da organização de trabalho, dos processos e das interfaces de comunicação;
- a disponibilidade de capacidades cognitivas.

Ainda conforme Santos et al. (2018, p. 119):

> O aumento da digitalização dos sistemas de produção determina mudanças em toda a cadeia de valor, desde a forma como é realizada a aquisição das matérias-primas até o seu uso final e recuperação. No entanto, apesar do esforço dispendido por governos, organizações e acadêmicos, e dos casos comprovados de sucesso, ainda há um longo e sinuoso caminho a percorrer e questões devem ser respondidas antes que essa revolução digital possa se tornar realidade.

Assim, os esforços são ainda maiores quando falamos em implantar os conceitos de Indústria 4.0 em comparação à indústria tradicional. Afinal, a demanda por tecnologia e por colaboradores capazes de manusear essas tecnologias é maior, sendo necessários vultuosos investimentos em equipamentos tecnológicos e em mão de obra qualificada para assegurar o bom desenvolvimento de todos os sistemas e a segurança de todas as informações da empresa.

6.6 Inserindo a sustentabilidade

São quase inquestionáveis a necessidade e a importância da implementação de um sistema de produção sustentável em uma empresa. O modelo atual não tem meios de se manter: é o que podemos afirmar de acordo com a informação dada por Sanches, Carvalho e Gomes (2019, p. 49): "O uso inconsequente dos recursos naturais faz a humanidade beirar o esgotamento dos mesmos e o desgaste de estruturas essenciais à vida na Terra, como a camada de ozônio e os ecossistemas".

A conduta da sociedade perante as questões ambientais precisa ser alterada e é necessário que questões como efeito estufa, emissão de gases poluentes, uso de energia e materiais e esgotamento de recursos sejam levadas em consideração no planejamento dos processos industriais.

No entanto, a adoção dos princípios da sustentabilidade requer novos hábitos e inovações. O desenvolvimento de inovação exige estudo e pesquisa contínua dos processos, a investigação minuciosa dos processos de produção pode resultar em soluções concretas, seguras e responsáveis. Tudo precisa ser considerado e analisado, desde a matéria-prima até o descarte final do produto. De acordo com o CEBDS, a criação de um departamento de inovação ou a inclusão de inovação em algum departamento é indispensável para o desenvolvimento da organização, ou seja, "como vetor capilar dentro das organizações, as áreas de inovação são fundamentais para o desenvolvimento sustentável das corporações" (CEBDS, 2015, p. 13).

Ainda segundo o Conselho Empresarial Brasileiro de Desenvolvimento Sustentável (CEBDS, 2015), o papel do departamento de inovação é tornar tangível propostas de valor, levando em conta os pilares da sustentabilidade, da economia, do ambiente e da sociedade. A empresa precisa ter atenção para as alterações do mercado, no que diz respeito ao comportamento dos usuários e consumidores; e deve ser capaz de perceber as necessidades da sociedade. A interação com funcionários de setores diversos, clientes e consumidores pode auxiliar nesse processo. A percepção desses agentes pode definir a imagem da corporação perante a sociedade e incorporar as adequações necessárias garantindo a competitividade da empresa.

> O Manual de Oslo, documento da Organização para a Cooperação e Desenvolvimento Econômico (OCDE), vinculado à Organização das Nações Unidas (ONU), afirma que inovação envolve atividades de pesquisa e desenvolvimento, aquisição de conhecimentos, com patentes e licenças, máquinas e equipamentos, preparação para produção e entrega e marketing. (CEBDS, 2015, p. 16)

As indústrias são o setor mais dependente de inovação. Integrar inovação e desenvolvimento sustentável em uma indústria é um pilar competitivo. O Brasil está 41,9% atrasado em relação a outros países nesse quesito. As indústrias brasileiras sofrem com a falta de políticas de incentivo e com a falta de cultura de inovação.

Como forma de incentivar o desenvolvimento do setor de inovação com foco no desenvolvimento sustentável de uma empresa, especialistas oferecem recomendações a serem aplicadas. Eles tomam como base experiências corporativas que tiveram êxito e que podem ser replicadas (CEBDS, 2015).

Engajamento de lideranças

Aconselha-se que a empresa mapeie todas as diretrizes que envolvem o desenvolvimento sustentável e analise as práticas que podem ser implementadas, o que precisa ser criado, adaptado e praticado, de forma que todas as ações sustentáveis sejam convergentes para a melhoria dos indicadores do negócio.

Planejamento

Todos os colaboradores precisam estar em sintonia e alinhados quanto às estratégias de desenvolvimento inovador. Assim, diversas abordagens podem ser adotadas para integrar a equipe, reuniões periódicas podem ser uma ferramenta útil para estruturar as ideias, os dados e para entender quais são os desafios vigentes que precisam ser vencidos, além de estimular a busca de soluções inovadoras tendo como base a sustentabilidade.

Ciclo de vida

É necessária a adoção de um método sistemático de avaliação do ciclo de vida do produto que é produzido na empresa. O setor de inovação deve estar sempre atento ao ciclo de vida do produto, pois a implantação de recursos inovadores está diretamente ligada a esse aspecto do manufaturado. As alterações precisam levar em consideração os fatores que podem interferir na durabilidade do produto, na reciclagem, no uso de materiais etc.

Educação

As equipes precisam estar preparadas para atuar no setor de inovação sustentável. Por isso, é indispensável a capacitação contínua dos agentes envolvidos, uma vez que as práticas sustentáveis estão sempre evoluindo.

Práticas ambientais

O desenvolvimento de soluções inovadoras e sustentáveis deve contemplar os possíveis impactos ambientais e avaliar o gasto energético envolvido, o gasto de água, a emissão e a geração de gases, a produção de resíduos etc.

Biodiversidade

Para garantir a sustentabilidade dos produtos é necessária a seleção dos insumos. Esta pode ser realizada mediante exploração da biodiversidade; afinal, quanto mais variados os insumos, mais rico fica o produto e menor é o impacto ambiental.

Portfólio

A sustentabilidade precisa ser considerada na execução de projetos, devendo, na verdade, ser o critério principal. A visão sistêmica pode auxiliar na adoção de procedimentos sustentáveis para serem incorporados paralelamente ao processo produtivo do produto em si: por exemplo, mecanismos de reutilização da água, uso de fontes energéticas alternativas, entre outros.

Financiamento para inovações sustentáveis

As empresas podem recorrer às linhas de financiamento para se adequarem ao modelo sustentável de produção. Como forma de incentivo, o governo brasileiro concede auxílios fiscais para pesquisa e desenvolvimento.

Tecnologia

As ferramentas tecnológicas da Indústria 4.0 otimizam os recursos e facilitam o controle de todo o processo, devendo ser adotadas e implantadas na organização.

Insumos

A busca por insumos cada vez mais sustentáveis deve ser contínua. É possível avaliar e substituir os insumos por elementos mais sustentáveis, que estejam de acordo com as especificações de uso.

EXEMPLIFICANDO

Por meio da plataforma Ambev recicla, a Ambev, desde 2011, desenvolve o projeto de incentivo à reciclagem por parte da sociedade. Em 2012, a empresa lançou a garrafa de PET 100% reciclável. Em parceria com a marca Guaraná Antártica, a garrafa foi inserida no mercado brasileiro, mas atualmente diversas outras marcas do portfólio da Ambev já utilizam essa embalagem.

A petroquímica brasileira Braskem colocou no mercado do país o polímero polietileno confeccionado com matéria-prima 100% reciclável e renovável. Essa empresa investiu cerca de 290 milhões de dólares para o desenvolvimento do Plástico Verde, como ficou conhecido. O polietileno foi produzido com base no etanol extraído da cana-de-açúcar e apresentou a mesma capacidade competitiva do polietileno tradicional, a base de petróleo e gás natural, uma vez que as propriedades obtidas foram equivalentes (CEBDS, 2015).

Inovação aberta

A inovação aberta tem como base a formação de parcerias com foco no desenvolvimento de inovações sustentáveis que tendem a potencializar os resultados. A parceria com universidades, por exemplo, pode auxiliar no desenvolvimento de estudos e pesquisas que auxiliem a empresa na análise e na adequação de seu sistema de produção, bem como na potencialização de seus resultados.

EXEMPLIFICANDO

Para produzir uma tonelada de alumínio, a Alcoa, indústria brasileira produtora de alumínio, gera quatro toneladas de resíduos de bauxita. Em 2010, em parceria com universidades, a Alcoa investiu 1 milhão de reais no desenvolvimento de soluções para descarte adequado e eficaz da bauxita. A Universidade Federal de São Carlos (UFSCar) buscou viabilizar o uso da bauxita como matéria-prima para a produção de clínquer para ser incorporado ao cimento Portland. O clínquer produzido com bauxita substitui fontes naturais não renováveis e diminui a emissão de CO_2 na atmosfera. A Escola Politécnica da Universidade de São Paulo trabalhou no uso dos resíduos em cimentos compostos (CEBDS, 2015).

Comunidade

A empresa deve inovar visando às necessidades da comunidade na qual está inserida, contribuindo para o aumento no desenvolvimento de infraestrutura física e social nas comunidades locais.

EXEMPLIFICANDO

Como forma de incentivar o mercado do setor a adoção de políticas sustentáveis, a Votorantim Cimentos tornou pública uma patente de inovação. O clínquer é o componente mais poluente dos cimentos, ele emite gases de efeito estufa, como CO_2. A empresa substituiu cerca de 35% do clínquer por pozolana, obtida com base na calcinação da argila local. O cimento pozolânico tem alta alcalinidade, menor porosidade e gera menor liberação de calor, sendo mais resistente e de maior durabilidade (CEBDS, 2015).

Os processos e procedimentos organizacionais também precisam ser padronizados em função do desenvolvimento sustentável, como enfatizaremos na sequência.

Cultura

A cultura da inovação deve ser sempre motivada dentro da organização. A contribuição dos colaboradores para a criação de ferramentas que fomentem o desenvolvimento da inovação sustentável ajuda na integração alinhada da equipe, formando elos que visam ao bem comum da empresa, podem resultar em ganhos de mercado, consolidação do valor agregado e competitividade para a empresa.

EXEMPLIFICANDO

A L'Oréal Brasil, empresa multinacional de cosméticos, visando fomentar a inovação sustentável dos seus produtos e processos, criou o prêmio Beauty Shaker Awards. A premiação foi direcionada para o público interno da empresa. Com base em três categorias: inovação, excelência e sustentabilidade, o evento incentiva seus funcionários a desenvolver projetos para serem aplicados nos processos da empresa. O evento contribui com motivação para seus colaborados e estreitamento de laços, reforçando, assim, os valores da empresa (CEBDS, 2015).

Fornecedores

A padronização do sistema de produção sustentável com os fornecedores visa estreitar o relacionamento com os fornecedores e incentivá-los a adotar práticas sustentáveis para melhorar a cadeia de valor do produto.

Comunicação

Todos os resultados provenientes das soluções inovadoras precisam ser divulgados na empresa, isso tende a estimular a participação dos colaboradores nos processos de inovação. O mercado também precisa dessas informações, pois participar de eventos de inovação externos, premiações etc. rende visibilidade.

Transparência

A transparência resulta em um ambiente de confiança tanto no relacionamento interno entre colaboradores da empresa quanto nas relações da empresa com terceiros.

Benchmark

Atualizar as informações sobre as práticas e os casos de sucesso de outras organizações facilita o desenvolvimento interno da empresa. Conferências, congressos, seminários e eventos em que se discuta o tema da inovação sustentável são ideais para se colher e trocar informações.

Clientes

O processo de inovação deve sempre levar em consideração a sociedade. Os produtos têm de suprir as necessidades da comunidade. Deve-se, pois, conhecer as necessidades e as expectativas dos clientes.

Dia a dia

Práticas sustentáveis devem fazer parte do cotidiano das pessoas. Os colaboradores podem ser incentivados a tomar atitudes sustentáveis nas pequenas tarefas do seu dia a dia. Por exemplo, não utilizar copos descartáveis, ter o seu próprio de material reutilizável; evitar desperdício de água ou energia, entre outros.

Embalagens

As embalagens dos produtos oferecidos pela empresa também demandam atenção. Elas devem ser planejadas com o intuito de minimizar os danos ao meio ambiente. Pode-se pensar no desenvolvimento integrado do produto e de sua embalagem por meio do ecodesign. Ademais, as embalagens podem ser pensadas para serem reutilizadas em outras ocasiões, por exemplo.

EXEMPLIFICANDO

O Grupo Boticário lançou em 2006 a linha *eau de parfum* Lilly Essence. Em 2014, a linha ganhou uma nova embalagem sob a ótica da sustentabilidade. Para isso, a equipe de inovação da empresa pesquisou o perfil comportamental de seus consumidores e projetou o design pensando no manuseio. A empresa diminuiu a quantidade de componentes da embalagem e a quantidade de papel utilizado (CEBDS, 2015).

Metas e controles

A adoção de metas facilita a quantificação e a qualificação dos níveis de sustentabilidade da empresa. É necessário, assim, que se planejem metas que mostrem os avanços obtidos. O Conselho Empresarial Brasileiro de Desenvolvimento Sustentável indica que é essencial considerar o mapa de fortalezas e vulnerabilidades. Sendo assim, é imprescindível:

Conhecer os potenciais de mercado, perfis dos times e os recursos necessários para promover mudanças. Tão importante quanto desenhar onde se quer chegar é medir a resposta. Os resultados vão direcionar os pontos já alcançados e ajustes de percurso. Com esse controle, sua área poderá avaliar se está definitivamente agregando valor ao negócio a partir de uma visão mais sustentável ou se precisa fazer novos ajustes. O importante aqui é buscar os mecanismos que garantam a efetiva participação do departamento na construção de uma empresa comprometida com o desenvolvimento sustentável de forma orgânica. (CEBDS, 2015, p. 28)

A seguir, reunimos no Quadro 6.1 algumas diretrizes que oferecem apoio para o controle desse trabalho.

Quadro 6.1 – **Questionamentos-base para mensuração dos níveis de sustentabilidade em um processo produtivo**

Questionar	• A mão de obra é da comunidade local? • A produção gera renda social? • Os recursos são utilizados de forma eficaz? Há perdas ou excessos? • A produção é poluente? • A energia é usada de maneira eficiente? • Qual é o consumo médio de água? Há desperdício? • Qual é a destinação dos resíduos? • Os insumos podem ser reciclados?
Planejar	• Quais etapas do processo precisam ser reestruturadas? • Quais recursos podem ser otimizados? • Quais soluções podem ser eficientes?
Indicadores	• Quais são os pontos estratégicos do modelo adotado na empresa? • Quais metas serão estabelecidas? • Como serão analisadas? • Como os avanços serão quantificados?

Fonte: Elaborado com base em CEBDS, 2015.

Após a análise dos níveis de sustentabilidade de que a empresa dispõe, é possível quantificar e qualificar o trabalho sustentável desenvolvido e embasar o desenvolvimento de novos projetos, a fim de aperfeiçoar continuamente o processo produtivo sustentável da organização.

Ao final deste capítulo, enfatizamos que a indústria está passando por grandes mudanças em seus sistemas e, nessa fase de transição, está se tornando cada vez mais eficaz a incorporação de um projeto sustentável. Diversos desafios precisam ser enfrentados; não obstante, a sociedade caminha em direção ao desenvolvimento sustentável. É crescente o interesse do setor industrial na sustentabilidade de seus processos e a união da sustentabilidade com a Indústria 4.0 pode proporcionar liderança no mercado atual.

CONSIDERAÇÕES FINAIS

Já na Grécia Antiga surgiram os primeiros textos que tratavam da observação das interações entre o homem e o meio ambiente, mas só no século XIX é que se passou a empregar a palavra *ecologia*. A atenção aos danos causados ao meio ambiente, no entanto, só nasceu com a Revolução Industrial, quando se percebeu a impacto ambiental provocado pelo desenvolvimento tecnológico.

Nesta obra, buscamos detalhar o conceito de ecologia, desde sua origem até a forma como é tratado nos dias de hoje. No Capítulo 1, abordamos as origens dos impactos ambientais, suas causas e conhecemos o termo *pegada ecológica*, que é uma forma de medir a utilização dos recursos do planeta pelo homem. Ainda nesse capítulo vimos os sistemas de gestão ambiental e suas divisões.

Já no Capítulo 2 versamos sobre os ecossistemas e seu funcionamento, mencionamos alguns importantes conceitos para a ecologia e analisamos os ciclos dos elementos químicos, os quais são importantes para o equilíbrio do planeta. Tratamos também de alguns aspectos a que a sociedade deve dar atenção na proteção de recursos naturais.

No Capítulo 3, informamos sobre a legislação ambiental atual, comentamos as leis criadas para tratar do desenvolvimento sustentável e detalhamos a legislação ambiental brasileira, desde seu histórico, especificando também os órgãos estatais que regulamentam essa área.

No Capítulo 4, abordamos a sustentabilidade aplicada à área do design, fizemos um breve histórico da sustentabilidade e tratamos do design sustentável, desde seu conceito até materiais e processos que visam à preservação ambiental.

No Capítulo 5, citamos materiais e processos sustentáveis e explicamos o que é biomimética, estudo dos fenômenos naturais analisados de modo que se possa imitá-los para resolver problemas cotidianos.

Por fim, no Capítulo 6, analisamos a sustentabilidade contemplando as perspectivas para o futuro. Detalhamos o modelo de consumo atual e nos debruçamos sobre o conceito de Indústria 4.0, que busca integrar processos físicos de produção e redes de computadores. Essa ferramenta é bastante importante na busca pelo desenvolvimento sustentável, pois a tecnologia inteligente auxilia no desenvolvimento de processos que buscam a preservação ambiental e evitam o desperdício.

Esperamos com esta obra ter contribuído com o entendimento da relação entre o ser humano e a natureza, estimulando a reflexão sobre o consumo e o desperdício de recursos naturais e matérias-primas.

REFERÊNCIAS

ACOSTA, B.; PADULA, A. D.; ZUCATTO, L. Repercussões estratégicas dos produtos ecoeficientes e seu impacto no desempenho das empresas: construção de um modelo de avaliação. SIMPÓSIO DE ADMINISTRAÇÃO DA PRODUÇÃO, LOGÍSTICA E OPERAÇÕES INTERNACIONAIS, 12., 2009, São Paulo. **Anais...** São Paulo: FGV/EAESP, 2009.

AMARO, M. N. **Produção e consumo sustentáveis**. Brasília: Senado Federal, 2012.

ANDRADE, M. S. et al. Uma revisão sistemática sobre a interação entre Indústria 4.0 e sustentabilidade. In: SIMPÓSIO DE ENGENHARIA DE PRODUÇÃO – INOVAÇÃO E SUSTENTABILIDADE NA GESTÃO DE PROCESSOS DE NEGÓCIOS, 25., 2018, Bauru, São Paulo.

ANDRADE, M. R. S; TURRIONI, J. B. Uma metodologia de análise dos aspectos e impactos ambientais através do FMEA. In: ENEGEP – ENCONTRO NACIONAL DE ENGENHARIA DE PRODUÇÃO, 20., 2000, USP/ POLI-SP.

ARRUDA, J. J. de A.; PILETTI, N. **Toda história**: história geral e história do Brasil. 12. ed. São Paulo: Ática, 2003.

ATP SOLAR. **5 empresas sustentáveis que fazem marketing verde com excelência**. 26 mar. 2018. Disponível em: <http://www.atpsolar.com.br/5-empresas-sustentaveis-marketing-verde/>. Acesso em: 30 ago. 2021.

B3. **Índice de Sustentabilidade Empresarial (ISE B3)**. Disponível em: <http://www.b3.com.br/pt_br/marrecões-da-patagônia/indices/indices-de-sustentabilidade/indice-de-sustentabilidade-empresarial-ise.htm>. Acesso em: 30 ago. 2021.

BAHRIN, M. A. K. et al. Industry 4.0: a review on industrial automation and robotic. **Jurnal Teknologi**, v. 78, n. 6-13, 2016.

BARBOSA, G. S. O desafio do desenvolvimento sustentável. **Revista Visões**. v. 1, n. 4, jan./jun. 2008.

BARASUOL, B. R. et. al. FMEA – uma abordagem simplificada. In: CRICTE – CONGRESSO DE INICIAÇÃO CIENTÍFICA E TECNOLÓGICA EM ENGENHARIA, 23., 2006, Petrópolis.

BARBIERI, J. C. **Gestão ambiental empresarial**: conceitos, modelos e instrumentos. 2. ed. São Paulo: Saraiva, 2007.

BEGON, M.; TOWNSEND, C. R.; HARPER, J. L. **Ecologia**: de indivíduos a ecossistemas. 4. ed. Porto Alegre: Artmed, 2007.

BENYUS, J. M. **Biomimética**: inovação inspirada pela natureza. São Paulo: Pensamento-Cultrix, 2014.

BERNHART, E. Consumo, consumismo e seus impactos no meio ambiente. **Recicloteca**, 15 mar. 2015. Disponível em: <http://www.recicloteca.org.br/consumo/consumo-e-meio-ambiente/>. Acesso em: 30 ago. 2021.

BIOMIMICRY GUILD. **Introduction to Biomimicry**, 2006. Disponível em: <https://biomimicry.org/>. Acesso em: 31 ago. 2021.

BOFF, L. História da sustentabilidade. **Leonardo**, v. 26, p. 11-2007, 2014.

BORBA, R. F. Análise do crime ambiental. **Planeta Amazônia: Revista Internacional de Direito Ambiental e Políticas Públicas**, n. 7, p. 35-47, 2015.

BRAGA, J. Ecodesign: estudo de caso de estratégias aplicadas a produtos nacionais. **Revista de Gestão dos Países de Língua Portuguesa**, v. 13, n. 2, p. 28-40, 2014.

BRASIL. Constituição (1988). **Diário Oficial da União**, Brasília, DF, 5 out. 1988.

BRASIL. Decreto-Lei n. 1.413, de 14 de agosto de 1975. **Diário Oficial da União**, Poder Executivo, Brasília, DF, 16 set. 1975a. Disponível em: <http://www.planalto.gov.br/ccivil_03/decreto-lei/1965-1988/del1413.htm>. Acesso em: 28 ago. 2021.

BRASIL. Decreto-Lei n. 76.389, de 3 de outubro de 1975. **Diário Oficial da União**, Poder Executivo, Brasília, DF, 13 out. 1975b. Disponível em: <https://www2.camara.leg.br/legin/fed/decret/1970-1979/decreto-76389-3-outubro-1975-424990-publicacaooriginal-1-pe.html>. Acesso em: 30 ago. 2021.

BRASIL. Lei n. 4.771, de 16 de setembro de 1965. **Diário Oficial da União**, Poder Legislativo, Brasília, DF, 16 set. 1985. Disponível em: <http://www.planalto.gov.br/ccivil_03/leis/l4771.htm>. Acesso em: 28 ago. 2021.

BRASIL. Lei 6.938, de 31 de agosto de 1981. **Diário Oficial da União**, Poder Executivo, Brasília, DF, 31 de agosto de 1981. Disponível em: <http://www.planalto.gov.br/ccivil_03/leis/l6938.htm>. Acesso em: 27 ago. 2021.

BRASIL. Lei 7.735, de 22 de fevereiro de 1989. **Diário Oficial da União**, Poder Legislativo, Brasília, DF, 23 fev. 1989a. Disponível em: <http://www.planalto.gov.br/ccivil_03/leis/l7735.htm>. Acesso em: 28 ago. 2021.

BRASIL. Lei 7.797, de 11 de julho de 1989. **Diário Oficial da União**, Poder Executivo, Brasília, DF, 11 jul. 1989b. Disponível em: <http://www.planalto.gov.br/ccivil_03/leis/l7797.htm>. Acesso em: 28 ago. 2021.

BRASIL. Lei 7.802, de 12 de julho de 1989. **Diário Oficial da União**, Poder Executivo, Brasília, DF, 12 jul. 1989c. Disponível em: <http://www.planalto.gov.br/ccivil_03/leis/l7802.htm>. Acesso em: 28 ago. 2021.

BRASIL. Lei 9.605, de 12 de fevereiro de 1998. **Diário Oficial da União,** Poder Legislativo, Brasília, DF, 13 fev. 1998.Disponível em: < http://www.planalto.gov.br/ccivil_03/leis/l9605.htm>. Acesso em: 28 ago. 2021.

BRASIL. Lei n. 9.985, de 18 de julho de 2000. **Diário Oficial da União**, Poder Executivo, Brasília, DF, 19 jul. 2000. Disponível em: <http://www.planalto.gov.br/ccivil_03/leis/l9985.htm>. Acesso em: 28 ago. 2021.

BRASIL. Ministério do Meio Ambiente. **Responsabilidade sociambiental**. Disponível em: <https://antigo.mma.gov.br/responsabilidade-socioambiental/producao-e-consumo sustentavel/plano-nacional.html>. Acesso em: 31 ago 2021.

BRIGHENTI, J.; SOUZA, T. R. de; HEIN, N. Investimentos ambientais e desempenho econômico-financeiro das empresas brasileiras pertencentes ao Índice de Sustentabilidade Empresarial – ISE. In: ENGEMA – ENCONTRO INTERNACIONAL SOBRE GESTÃO EMPRESARIAL E MEIO AMBIENTE, 16., 2014. **Anais...**, 2014. Disponível em: <http://www.engema.org.br/XVIENGEMA/120.pdf.. Acesso em: 30 ago. 2021.

CARDOSO, A. S.; SANTOS JUNIOR, R. A. O. Indicadores de sustentabilidade e o ideário institucional: um exercício a partir dos ODM e ODS. **Ciência e Cultura**, São Paulo, v. 71, n. 1, p. 50-55, jan./mar. 2019. Disponível em <http://cienciaecultura.bvs.br/pdf/cic/v71n1/v71n1a14.pdf>. Acesso em: 30 ago. 2021.

CAVALCANTE, A. L. B. L. et al. Design para a sustentabilidade: um conceito interdisciplinar em construção. **Projetica: Revista Científica de Design**, v. 3, n. 1, p. 252-263, 2012.

CAVALCANTI FILHO, F. A.; CARTAXO, G. A. A. Práticas de produção Sustentável aplicadas no agronegócio. In: ENCONTRO NACIONAL DE ENGENHARIA DE PRODUCÃO, 35., 2015. **Anais**... Rio de Janeiro, 2015.

CEBDS – Conselho Brasileiro para o Desenvolvimento Sustentável. **Como inserir a sustentabilidade em seus processos – Inovação**. Rio de Janeiro, 2015. Disponível em: <cebds.org/publicacoes/guias-de-sustentabilidade-inovacao/#.wm7jrpnyviu>. Acesso em: 31 ago. 2021.

GCP. **Hospitalidade Votu Hotel**. Disponível em: <http://www.gcp.arq.br/projetos/votu-hotel/>. Acesso em: 31 ago. 2021.

CHEHEBE, J. R. B. **Análise do ciclo de vida de produtos**: ferramenta gerencial da ISO 1400. Rio de Janeiro: Qualitymark Ltda., 1997.

CHRISTMANN, P. Effects of "best practices" of environmental management on cost advantage: The role of complementary assets. **Academy of Management journal**, New York, v. 43, n. 4, p. 663-680, 2000.

CORRÊA, R. et al. Evolução dos níveis de aplicação de relatórios de sustentabilidade (GRI) de empresas do ISE/Bovespa. **Sociedade, contabilidade e gestão**, v. 7, n. 2, 2013.

CMMAD – Comissão Mundial sobre o Meio Ambiente e Desenvolvimento. **Nosso futuro comum**. Rio de Janeiro: Fundação Getulio Vargas, 1988.

CNTL. **Implementação de programas de produção mais limpa**. Porto Alegre: SENAI/RS, 2003. Disponível em: <https://www.senairs.org.br/documentos/implementacao-de-programas-de-producao-mais-limpa>. Acesso em: 25 ago. 2021.

COLTRO, L. **Avaliação de ciclo de vida como instrumento de gestão**. Campinas: CETEA/ITAL, 2007.

CONAMA – Conselho Nacional do Meio Ambiente. Resolução n. 1, de 23 de janeiro de 1986. **Diário Oficial da União**, Brasília, DF, 17 fev. 1986. Disponível em: <http://www.ima.al.gov.br/wizard/docs/RESOLU%C3%87%C3%83O%20CONAMA%20N%C2%BA001.1986.pdf>. Acesso em: 31 ago. 2021.

CONAMA – Conselho Nacional do Meio Ambiente. Resolução n. 237, de 19 de dezembro de 1997. Disponível em: <https://www.icmbio.gov.br/cecav/images/download/CONAMA%20237_191297.pdf>. Acesso em: 28 ago. 2021.

DESIGNBOOM. **Skateboard folha seca by fibra design sustentável from Brazil**. 19 nov. 2009. Disponível em: https://www.designboom.com/project/skateboard-folha-seca/. Acesso em: 30 ago. 2021.

DETANICO, F. B.; TEIXEIRA, F.; DA SILVA, T. L. K. A biomimética como método criativo para o projeto de produto. **Design & Tecnologia**, v. 1, n. 2, p. 101-113, 2010.

DIODATO, M. A. **Estudo dos impactos ambientais**. 53 f. Monografia (Pós-Graduação em Geografia) – Universidade Federal do Rio Grande do Norte, Natal, 2004.

DONAIRE, D. **Gestão ambiental na empresa**. 2. ed. São Paulo: Atlas, 2007.

DURNING, A. **How much is enough? The consumer society and the future of the Earth**. New York: WW Norton & Co., 1992.

ECYCLE. **Chapa de vidro inspirada no funcionamento de teias de aranha evita colisões de pássaros**. 27 jul. 2013. Disponível em: <https://www.ecycle.com.br/chapa-de-vidro-com-isolamento-inspirado-nas-teias-das-aranhas-reduz-colisoes-de-passaros/>. Acesso em: 31 ago. 2021.

ENGELS, F. **A dialética da natureza**. Rio de Janeiro: Paz e Terra, 1979. (Coleção Pensamento Crítico).

FERRÃO, P. C. Ecologia industrial: princípios e ferramentas. **Engenharia sanitária e ambiental**, v. 17, n. 1, p. IV-V, p. 1-2, 2012.

FERREIRA, L. da C. **A questão ambiental**: sustentabilidade e políticas públicas no Brasil. São Paulo: Boitempo, 1998.

GAMARANO, D. de S.; DIAS, V. C. P. L.; RICALDONI, T. F. Biomimética e Design: um estudo sobre a potencialização da criatividade para métodos de desenvolvimento de produtos inspirados na natureza. In: COLÓQUIO INTERNACIONAL DE DESIGN, 2017. Disponível em: <https://www.researchgate.net/publication/325136550_Biomimetica_e_Design_um_estudo_sobre_a_potencializacao_da_criatividade_para_metodos_de_desenvolvimento_de_produtos_inspirados_na_natureza>. Acesso em: 31 ago. 2021.

GIANNETTI, B. F.; ALMEIDA, C. M. V. B. **Ecologia industrial**: conceitos, ferramentas e aplicações. São Paulo: Edgard Blucher, 2015.

GRACE, J. Carbon cycle. **Encyclopedia of biodiversity**, v. 1, p. 609-629, 2001.

GODEFROID, R. S. **Ecologia de sistemas**. Curitiba: InterSaberes, 2016.

GOING GREEN BRASIL. **Três exemplos de biomimética na arquitetura**. 4 fev. 2018. Disponível em: <http://goinggreen.com.br/2018/01/04/tres-exemplos-onde-biomimetica-e-arquiteturatrabalharam-juntas/>.Acesso em: 31 ago. 2021.

GOMES JÚNIOR, S. F.; GOMES, A. R. As vantagens da sustentabilidade empresarial. **INGEPRO: Inovação, Gestão e Produção**, v. 2, n. 8, p. 63-71, 2010.

GUERRA, S. **Direito internacional ambiental**. Rio de Janeiro: Freitas Bastos, 2006.

IBGE – Instituto Brasileiro de Geografia e Estatística. **Censo 2010**. Disponível em: <https://censo2010.ibge.gov.br/noticias-censo.html?busca=1&id=3&idnoticia=1766&t=censo-2010-populacao-brasil-190-732-694-populacao&view=noticia#:~:Popula%C3%A7%C3%A3o%20urbana%20sobe%20de%2081,mai%20de%2090%25%20nessa%20situa%C3%A7%C3%A3o>. Acesso em: 31 ago. 2021.

INOVAÇÃO TECNOLÓGICA. **Cerâmica mais dura do mundo é criada imitando a madrepérola**. 31 dez. 2008. Disponível em: <https://www.inovacaotecnologica.com.br/noticias/ noticia.php?artigo=ceramica-mais-dura-do-mundo-biomimetismo-madreperola&id= 010160081231#.XxjbJJ5KjIU>. Acesso em: 31 ago. 2021.

ITANI, A.; VILELA JR., A. Meio ambiente e saúde: desafios para a gestão. **Interfacehs – Revista de Saúde, Meio Ambiente e Sustentabilidade**, São Paulo, 2007, v. 1, n. 3, p.1.

JACOBI, P. Educação ambiental, cidadania e sustentabilidade. **Cadernos de Pesquisa**, São Paulo, n. 118, p. 189-205, mar., 2003.

KAZAZIAN, T. (Org.). **Haverá a idade das coisas leves**: design e desenvolvimento sustentável. 2. ed. São Paulo: Senac, 2009.

LECOM. **O que é integração vertical?**. Disponível em: <https://www.lecom.com.br/blog/7-pontos-positivos-sobre-integracao-vertical-em-revendedoras-de-tecnologiada-informacao-comunicacao/>. Acesso em: 8 jul. 2021.

LEONETI, A.; NIRAZAWA, A.; OLIVEIRA, S. Proposta de índice de sustentabilidade como instrumento de autoavaliação para micro e pequenas empresas (MPEs). **REGE – Revista de Gestão**, São Paulo, v. 23, n. 4, p. 349-361, 2016.

LIMA, J. C. F.; RUTKOWSKI, E. W. **Evolução das abordagens industriais ambientais**. In: INTERNATIONAL WORKSHOP ADVANCES IN CLEANER PRODUCTION. São Paulo, Brasil, 2009. Disponível em: <http://www.advance sincleanerproduction.net/second/files/sessoes/5b/2/J.%20 C.%20F.%20Lima%20%20Resumo%20Exp.pdf>. Acesso em: 25 ago. 2021.

LINS, L. dos S.; SILVA, R. N. S. Responsabilidade socioambiental ou Greenwash: uma avaliação com base nos relatórios de sustentabilidade ambiental. **Sociedade, Contabilidade e Gestão**, Rio de Janeiro, v. 4, n. 1, 2010.

LISBOA, C. K.; BARROS, M. V. F. A pegada ecológica como instrumento de avaliação ambiental para a cidade de Londrina. **Confins – Revue franco-brésilienne de géographie/Revista franco-brasilera de geografia**, n. 8, p. 1-20, 2010.

LÖBACH, B. **Design industrial**. São Paulo: Blücher, 2001.

MACHADO, C. R.; LOURENÇO, N. Mudança global e geopolítica dos recursos naturais. **Mulenga-Revista Angolana de Ciências Sociais**, v. 3, p. 81-103, 2013.

MACHADO, R. M. G.; SILVA, P.C.; FREIRE, V. H. Controle ambiental em indústria de laticínios. **Revista Brasil Alimentos**, v. 1, n. 7, p. 34-36, 2001.

MANZINI, E.; VEZZOLI, C. A. **O desenvolvimento de produtos sustentáveis**: os requisitos ambientais dos produtos industriais. São Paulo: Edusp, 2008.

MARTINS, M. F.; ZAMBRANO, T. F. Utilização da metodologia FMEA para a análise dos impactos ambientais em uma empresa do ramo de usinagem. In: ENEGEP – ENCONTRO NACIONAL DE ENGENHARIA DE PRODUÇÃO, 23., Ouro Preto, 2003.

MAZUR, F. **Avaliação do ciclo de vida do produto**: uma ferramenta de gestão ambiental. 2011. 36 p. Monografia (Especialização em Gestão Industrial) – Pós-Graduação em Gestão Industrial: Produção e Manutenção, Universidade Tecnológica Federal do Paraná, Ponta Grossa, 2011. Disponível em: <http://repositorio.roca.utfpr.edu.br/jspui/bitstream/1/1962/3/PG_CEGIPM_VII_2011_07.pdf>. Acesso em: 27 ago. 2021.

MEDINA, H. V. de. Produção e uso sustentável de materiais: gestão ambiental e análise do ciclo de vida. In: CONGRESSO ANUAL DA ABM, 61., 2006. **Anais...** 2006. Disponível em: <https://www.cetem.gov.br/antigo/images/congressos/2006/CAC00490006.pdf>. Acesso em: 30 ago. 2021.

MEIRA, G. L. **A biomimética utilizada como ferramenta alternativa na criação de novos produtos**. In: ENCONTRO DE SUSTENTABILIDADE EM PROJETO DO VALE DO ITAJAÍ, 2., 2008. Disponível em: <https://repositorio.ufsc.br/bitstream/handle/123456789/221934/A-biomime%cc%81trica-utilizada.pdf?sequence=1&isAllowed=y>. Acesso em: 31 ago. 2021.

MENDES, C.; FRANZ, B. S.; CAMPOS, M. M. Estudos de caso da Indústria 4.0 aplicados em uma empresa automobilística. **POSGERE**, São Paulo, v. 1, p. 15-25, 2017.

MILARÉ, É. **Direito do ambiente**. 9. ed. rev., atual. e ampl. São Paulo: Revista dos Tribunais, 2014.

MOREIRA, D. A. **Dimensões do desempenho em manufatura e serviços**. São Paulo: Pioneira, 1996.

MUSEU DA CASA BRASILEIRA. **Garrafa térmica Aladdin Futura**. Disponível em: <https://mcb.org.br/pt/design_mcb/16852-2/>. Acesso em: 30 ago. 2021.

NICOLAÏ, I.; FAUCHEUX, S.; O'CONNOR, M. Globalisation, competitiveness, governance and environment: What prospects for a sustainable development?In: FAUCHEUX, S.; GOWDY,J. M.; NICOLAÏ, I. (Ed.). **Sustainability and Firms**: Technological Change and Changing Regulatory Environment. Cheltenham, UK: Edward Elgar Pub.,1998.

NOS. **Integração horizontal**. Disponível em: <https://www.nos.pt/empresas/repositorio-informacao/criar-uma-empresa/guias-teoricos/Pages/integracao-horizontal.aspx#:~:text=Alguns%20exemplos%20c%C3%A9lebres%20da%20integra%C3%A7%C3%A3o,ou%20da%20Yahoo%20pela%20Google>.Acesso em: 31 ago. 2021.

OECD. **Glossary of enviromental statistics, studies and methods**. Series, n. 67, United Nations, New York, 1997

OLDENBURG, K. U.; GEISER, K. Pollution Prevention and... or Industrial Ecology? [s.l.]. **Cleaner Prod.**, v. 5, n. 1/2, p. 103-108, 1997.

OLIVEIRA, A. A.; BURSZTYN, M. Avaliação de impacto ambiental de políticas públicas. **Revista Internacional de Desenvolvimento Local**. Campo Grande, v. 2, n. 3, p. 45-56, 2001.

O QUE são stakeholders? **Dicionário Financeiro**. Disponível em: <https://www.dicionariofinanceiro.com/o-que-sao-stakeholders/>. Acesso em: 31 ago. 2021.

OLIVEIRA, F. C.; MOURA, H. J. T. Uso das metodologias de avaliação de impacto ambiental em estudos realizados no Ceará. **Pretexto**, v.10, n. 4, p. 79-98, 2009.

PALMA, J. M. B. et al. Os princípios da Indústria 4.0 e os impactos na sustentabilidade da cadeia de valor empresarial. In: INTERNATIONAL WORKSHOP ADVANCES IN CLEANER PRODUCTION – ACADEMIC WORK, 6., São Paulo, 2017. Disponível em: <http://www.advancesincleanerproduction.net/sixth/files/sessoes/5B/5/palma_jmb_et_al_academic.pdf>. Acesso em: 31 ago. 2021.

PASSARINHO, N. Tragédia com barragem da Vale em Brumadinho pode ser a pior no mundo em 3 décadas. **BBC News Brasil**, 29 jan. 2019. Disponível em: <https://www.bbc.com/portuguese/brasil-47034499>. Acesso em: 25 ago. 2021.

PAZMINO, A.V. Uma reflexão sobre design social, eco design e design sustentável. SIMPÓSIO BRASILEIRO DE DESIGN SUSTENTÁVEL, 1., Curitiba, set. 2007. Disponível em: <http://naolab.nexodesign.com.br/wp-content/uploads/2012/03/PAZMINO2007-DSocial-EcoD-e-DSustentavel.pdf>. Acesso em: 30 ago. 2021.

PENSAMENTO VERDE. **6 exemplos de arquitetura biomimética que mostram que a técnica é o futuro do design**. 28 ago. 2017. Disponível em: <https://www.pensamentoverde.com.br/sustentabilidade/6-exemplos-de-arquitetura-biomimetica-que-mostram-que-tecnica-e-o-futuro-design/>.Acesso em: 31 ago. 2021.

POTT, C. M.; ESTRELA, C. C. Histórico ambiental: desastres ambientais e o despertar de um novo pensamento. **Estudos avançados**, v. 31, n. 89, p. 271-283, 2017.

PRIMACK, R. B.; RODRIGUES, E. **Biologia da conservação**. Londrina: Planta, 2001.

QUARTIM, E. **Amaciante Comfort Concentrado – Projeto End-to-End**. Disponível em: <http://embalagemsustentavel.com.br/2010/01/24/amaciante-comfort-concentrado-projeto-end-to-end/>. Acesso em: 20 jul. 2020.

QUARTIM, E. **Água Crystal com garrafa que pode ser torcida**. Disponível em: <http://embalagemsustentavel.com.br/2011/11/16/agua-crystal-torcida>. Acesso em: 8 jul. 2021.

RECH, A. U.; MARIN, J.; AUGUSTIN, S. (Org.). **Direito ambiental e sociedade**. Rio Grande do Sul: Educs, 2015.

RICKLEFS, R. E. **A economia da natureza**. Tradução de Cecília Bueno, Pedro P. de Lima-e-Silva e Patrícia Mousinho. 5. ed. Rio de Janeiro: Guanabara Koogan, 2003.

ROMANZOTI, N. Pesquisadores criam folhas artificiais que agem como células solares. **HypeScience**, 27 set. 2010. Disponível em: <https://hypescience.com/pesquisadores-criam-folhas-artificiais-que-agem-como-celulas-solares/>. Acesso em: 31 ago. 2021.

SACHS, I. **Estratégias de transição para o século XXI**: desenvolvimento e meio ambiente. São Paulo: Studio Nobel; Fundação do Desenvolvimento Administrativo, 1993.

SALES, M. R. et al. A importância e consequência da produção sustentável para a sociedade. In: SIMPROD – SIMPÓSIO DE ENGENHARIA DE PRODUÇÃO DE SERGIPE, 9., 2017. **Anais...** Sergipe, 2017.

SAMPAIO, R. Direito ambiental. **FGV Rio Direito.** 2015. Disponível em: <https://direitorio.fgv.br/sites/direitorio.fgv.br/files/u100/direito_ambiental_2015-2.pdf>. Acesso em: 7 jul. 2021.

SANCHEZ, L. E. **Avaliação de impacto ambiental**: conceitos e métodos. São Paulo: Oficina de Textos, 2011.

SANTOS, A. Seleção de Recursos de Baixo Impacto Ambiental. **Série Design Sustentável.** 2009

SANCHES, B. C.; CARVALHO, E. S.; GOMES, F. F. B. A Indústria 4.0 e suas contribuições à sustentabilidade. **Revista Engenharia e Tecnologia Aplicada-UNG-Ser**, Itaquaquecetuba, v. 2, n. 1, p. 48-55, 2019.

SANTOS, B. P. et al. Indústria 4.0: desafios e oportunidades. **Revista Produção e Desenvolvimento**, v. 4, n. 1, p. 111-124, 2018.

SARKIS, J. Manufacturing's role in corporate environmental sustainability-Concerns for the new millennium. **International Journal of Operations & Production Management**, v. 21, n. 5/6, p. 666-686, 2001.

SCARPA, F.; SOARES, A. P. **Pegada ecológica**: qual é a sua? São José dos Campos: Inpe, 2012. Disponível em: <http://www.inpe.br/noticias/arquivos/pdf/Cartilha%20-%20Pegada%20Ecologica%20-%20web.pdf>. Acesso em: 25 ago. 2021.

SENHORAS, E.; MOREIRA, F. de A.; VITTE, C. de C. S. A agenda exploratória de recursos naturais na América do Sul: da empiria à teorização geoestratégica de assimetrias nas relações internacionais. In: ENCUENTRO DE GEÓGRAFOS DE AMÉRICA LATINA, 12., Montevidéu, 2019. Disponível em: <https://www.researchgate.net/publication/326377504_A_AGENDA_EXPLORATORIA_DE_RECURSOS_NATURAIS_NA_AMERICA_DO_SUL_Da_empiria_a_teorizacao_geoestrategica_de_assimetrias_nas_relacoes_internacionais>. Acesso em: 27 ago. 2021.

SILVA FILHO, J. C. G.; SICSÚ, A. B. **Produção mais limpa**: uma ferramenta da gestão ambiental aplicada às empresas nacionais. In: ENEGEP – ENCONTRO NACIONAL DE ENGENHARIA DE PRODUÇÃO, 23., Ouro Preto, 2003.

SILVA, A. F.; FERREIRA, A. C. S. Um estudo teórico sobre a contabilização dos impactos ambientais no setor sucroalcooleiro. **Revista de Contabilidade e Organizações**, São Paulo, v. 4, n. 8, p. 139-159, 2010.

SILVA, M. C. **Diagnósticos da Política Nacional do Meio Ambiente Lei nº 6.938/81**. 79 f. Dissertação (Mestrado em Planejamento e Educação Ambiental) – Universidade Candido Mendes, Rio de Janeiro, 2007.

SILVA, L. S. A. da; QUELHAS, O. L. G. Sustainable development and consequences for equity costs in public companies. **Gestão & Produção**, v. 13, n. 3, p. 385-395, 2006.

SILVA JÚNIOR, A. M.; LIMA, S. F. Ecodesign e Análise do Ciclo de Vida: Futuro Sustentável. **Caderno de Graduação-Ciências Exatas e Tecnológicas (UNIT)**. Alagoas, v. 2, n. 3, p. 47-62, 2015.

SLACK, N.; BRANDON-JONES, A.; JOHNSTON, R. **Administração da produção**. 2. ed. São Paulo: Atlas, 2008.

SOUZA, M. F. L. Ciclo do carbono: processos biogeoquímicos, físicos e interações entre compartimentos na Baía de Todos os Santos. **Revista Virtual de Química**, v. 4, n. 5, p. 566-582, 2012.

TARTAROTTI, L.; SIRTORI, G.; LARENTIS, F. Indústria 4.0: mudanças e perspectiva. In: MOSTRA DE INICIAÇÃO CIENTIFICA, PÓS-GRADUAÇÃO, PESQUISA E EXTENSÃO, Universidade de Caxias do Sul, 2018.

TEIXEIRA, G.; CASTILLO, L. Medição do impacto ambiental dos processos de produção de uma indústria de vestuário de médio porte. **Revista Eletrônica de Gestão Organizacional**, v. 10, n. 1, p. 195-210, 2012.

TINOCO, J. E. P.; KRAEMER, M. E. P. **Contabilidade e gestão ambiental**. São Paulo: Atlas, 2004. v. 1.

USADO FÁCIL. **Tecnologia**: peixe-cofre inspira protótipo da Mercedes-Benz. 24 jun. 2005. Disponível em: <https://www.usadofacil.com.br/V6/integra.asp?cod=1262>. Acesso em: 31 ago. 2021.

VANDENBRANDE, W. W. How to use FMEA to reduce the size of your quality toolbox. **Quality Progress**. v. 31, n. 11, 1998, p. 97-100.

VEZZOLI, C. et al. (Org.). Sistema produto + serviço sustentável: fundamentos. **Insight**, Curitiba, v. 22, p. 1-183, 2018.

VIANA, A. P. C. A. **Matérias ambientais**. 92 f. Dissertação (Mestrado em Contabilidade e Finanças) – Instituto Superior de Contabilidade e Administração do Porto, Instituto Politécnico do Porto. 2011.

VILELA JÚNIOR, A.; DEMAJOROVIC, J. **Modelos e ferramentas de gestão ambiental**: desafios e perspectivas para organizações. São Paulo: Senac, 2006.

VIOLA, E. J. A problemática ambiental do Brasil (1971-1991): da proteção ambiental ao desenvolvimento sustentável. **Polis**, São Paulo, v. 3, p. 4-14, 1991.

VITOUSEK, P. M. Global enviromental change: an introduction. **Annual Review of ecology and systematics**, v. 23, p. 1-14, 1994.

WEISS, S. (Org.). **Movimentos socioambientais**: lutas, avanços, conquistas, retrocessos e esperanças. 1. ed. Formosa: Xapuri Socioambiental, 2019. Disponível em: <https://www.researchgate.net/profile/Philip_Fearnside/publication/339542490_LUTAS_NACIONAIS_BRASILEIRAS_A_ALEGRIA_E_A_DOR_DE_UM_PAIS_Os_Impactos_Socioambientais_das_Barragens_Amazonicas/links/5ea052874585156 4fc348ff3/LUTAS-NACIONAIS-BRASILEIRAS-A-ALEGRIA-E-A-DOR-DE-UM-PAIS-Os-Impactos-Socioambientais-das-Barragens-Amazonicas.pdf#page=319>. Acesso em: 30 ago. 2021.

WENCESLAU, F. F.; ROCHA, J. M. A ferramenta de análise FMEA como suporte para identificação dos aspectos e impactos ambientais em uma agroindústria de arroz. **Tecno-lógica**, v. 16, n. 1, p. 56-66 jan./jun. 2012.

WWF-BRASIL. **Pegada ecológica**: nosso estilo de vida deixa marcas no planeta. Brasília: 2013. Disponível em: <https://www.wwf.org.br/natureza_brasileira/especiais/pegada_ecologica/?35722/Cartilha-Pegada-Ecologica>. Acesso em: 25 ago. 2021.

WWF-BRASIL. **Relatório Planeta Vivo**: a caminho da Rio+20. 2012.

WWF – World Wide Fund. **Living Planet report 2014**: species and spaces, people and places. Gland, Switzerland, 2014.

SOBRE A AUTORA

Dayanna dos Santos Costa Maciel é mestra (2019) em Administração pelo Programa de Pós-Graduação em Administração da Universidade Federal da Paraíba (UFPB), área de concentração Administração e sociedade, e mestra (2014) em Recursos Naturais pelo Programa de Pós-Graduação em Recursos Naturais da Universidade Federal de Campina Grande (UFCG), com ênfase na linha de pesquisa Sustentabilidade e Competitividade. É graduada (2010) em Administração também pela UFCG e atua como pesquisadora no Grupo de Estudos em Gestão da Inovação Tecnológica (GEGIT). Atuou como pesquisadora do Grupo de Estratégia Empresarial e Meio Ambiente (GEEMA) na linha de pesquisa Estratégia Ambiental e Competitividade com ênfase em Modelos e Ferramentas de Gestão Ambiental com foco nos seguintes temas: administração geral e gestão ambiental.

✶

Os livros direcionados ao campo do Design são diagramados com famílias tipográficas históricas. Neste volume, foram utilizadas a **Garamond** – criada pelo editor francês Claude Garamond em 1530 e referência no desenho de fontes pelos próximos séculos – e a **Frutiger** – projetada em 1976 pelo suíço Adrian Frutiger para a sinalização do aeroporto Charles de Gaulle, em Paris.

Impressão:
Setembro/2021